第二版

承教・城傳

九龍學校的故事

李子建、鄭保瑛、鄧穎瑜、姚依彤、高彥靜、香港教育大學香港教育博物館——編著

李子建、鄭保瑛、鄧穎瑜——主編

中華書局

責任編輯 郭子晴

裝幀設計 黃希欣

排　版 黃希欣

印　務 劉漢舉

出版

中華書局（香港）有限公司

香港北角英皇道四九九號北角工業大廈一樓 B

電話：（852）2137 2338

傳真：（852）2713 8202

電子郵件：info@chunghwabook.com.hk

網址：http://www.chunghwabook.com.hk

發行

香港聯合書刊物流有限公司

香港新界荃灣德士古道 220-248 號

荃灣工業中心 16 樓

電話：（852）2150 2100

傳真：（852）2407 3062

電子郵件：info@suplogistics.com.hk

印刷

美雅印刷製本有限公司

香港觀塘榮業街六號海濱工業大廈四樓 A 室

版次

2021 年 7 月初版

2024 年 4 月第二版

©2021 2024 中華書局（香港）有限公司

規格

16 開（230mm×170mm）

ISBN

978-988-8861-41-5

本書編委會

「香港教育故事」 叢書系列主編	李子建教授（香港教育大學校長） 鄭保瑛博士（香港教育大學圖書館館長） 鄧穎瑜女士（香港教育大學香港教育博物館館長）
本書編著者	李子建教授 鄭保瑛博士 鄧穎瑜女士 姚依彤小姐（香港教育大學香港教育博物館助理館長） 高彥靜小姐（香港教育大學香港教育博物館助理館長）
資料搜集及 協助撰稿	鄭保瑛博士 鄧穎瑜女士 姚依彤小姐 高彥靜小姐 葉佩聰女士（香港教育大學圖書館助理館長） 戚紹忠先生（香港教育大學圖書館助理館長） 丁璐小姐（香港教育大學圖書館項目助理）
人物專訪主持 及支援團隊	李子建教授（專訪主持） 鄭保瑛博士 鄧穎瑜女士 姚依彤小姐 高彥靜小姐 張希彤女士（香港教育大學校長辦公室高級秘書） 陳凱寧女士（香港教育大學校長辦公室行政助理） 芮筠庭女士（香港教育大學學術副校長辦公室行政主任）
拍攝、錄影及 短片編輯	陳樹樑博士（香港教育大學圖書館副館長） 黃嘉樂先生（香港教育大學圖書館媒體製作主任） 麥家發先生（香港教育大學圖書館技術員） 崔朗聰先生（香港教育大學圖書館助理） 陳慧羚小姐（香港教育大學圖書館助理）
專家顧問	梁操雅博士（香港教育大學社會科學與政策研究學系客席講師）
網站程式編寫	徐偉隆先生（香港教育大學圖書館助理館長）

序

　　《承教 • 城傳：九龍學校的故事》第一版在各方支持下，於 2021 年出版。編著團隊藉着與各校師長、資深校友和歷史專家、學者的訪談，回顧了九龍早年的發展及教育歷程，將九龍各區的變遷重現讀者眼前。第一版出版後廣受讀者歡迎，更榮獲香港閱讀城第 19 屆「十本好讀」教師推薦好讀（中學組）第七位，現在已經售罄。

　　編著團隊深受鼓舞，因而着手編撰《承教 • 城傳：九龍學校的故事（第二版）》。本書地域覆蓋更廣，包括黃大仙和觀塘等區，以及更多歷史悠久、位於九龍的學校及其校園軼事，力求全面展現九龍以至全港的教育發展。本書乃「香港教育故事」叢書系列的第七部作品，惟根據出版社的建議，第一版的第三章「九龍區學校藝術發展與社會文化薰陶」及「特別收錄：九龍漫步」部分將不再重版。

　　隨着 1860 年《北京條約》的簽訂，英國佔領九龍半島界限街以南及昂船洲，揭開九龍發展的序幕。尖沙咀吸引了不少外國人遷居到此，令該處成為高級住宅區；紅磡一帶則設有船塢、英坭廠和發電廠等重工業；而油麻地向為華人商住地區，多以維修漁船為業，亦有經營金舖、米店、雜貨等，民間商業活動頻繁，乃二十世紀初華人社群的主要聚集地。戰後，因應城市的急速發展，政府於九龍灣進行填海工程，發展住宅區和機場，觀塘更被開發為香港第一個衛星城市。

　　隨着人口增長，社會經濟迅速發展，香港的教育需求亦因而大增。不少早年扎根於港島的辦學團體洞悉對岸的教育需要，紛紛來此拓展教育服務，作育英才。各類學校，包括：教會學校、英童學校、官校和義學等，陸續在尖沙咀、九龍塘及何文田等地區建立。晚清年間內地廢除科舉，其後辛亥革命、新文化運動等大事相繼發生，不少內地傳統知識分子來港從事教育工作，大批內地民眾和學校亦遷移南來，香港教育因而呈現一派多元而欣欣向榮的景象。

　　時代更迭，人事遞嬗。如今走進九龍，城市面貌雖已經歷幾番轉變，

但人們仍能隱約從彌敦道、太子道、上海街、大埔道等最早發展的道路和歷史建築，細味新舊城區如何互相交融，從而尋覓區內的歷史延續。例如：喇沙利道、培正道、真光里、牧愛街等街道的命名，正蘊含和學校息息相關的故事；而牛津道、加多利山至窩打老道山、蒲崗村道學校村等區域，學校林立，更各有其歷史淵源。現存或已停辦的學校，在不同年代，分佈於區內各處，亦一同譜寫社區歷史，見證城市和教育的發展與變遷。

本書涵蓋九龍早期城市發展、教育歷史及人物訪談等多方面的內容，引領讀者回到熟悉的街道、景點，窺探時代變遷的足跡 —— 重拾昔日上海街遠勝彌敦道的繁華熱鬧；體驗不同年代莘莘學子在各式各樣校舍上課的情景；讚許出身貧苦的孩子在義學的勤奮學習；感受外國人和本地華人穿梭於中西樓房和學校之間的苦心；欣賞身穿長衫的女生在老師教導和培育下的滿懷自信……以文字和圖照，交織出當年光景，一切卻又宛如昨日。

2023 年秋，李子建教授再次帶領編著團隊走訪九龍多所於 1960 年前成立的學校。從與校長、老師和資深校友的分享中，讀者可回溯早至上世紀四、五十及六十年代的校園生活，更能一睹當時教育工作者的風華，並了解各校不同的課程內容和校園文化，從而明白區內人、事、物如何在教育和城市發展脈絡中互為影響。由於篇幅所限，豐富的訪談內容難以盡載書中。因此，團隊將訪談片段剪輯，並上載本書網站，為有興趣深入探究的讀者提供更多資訊，歡迎瀏覽。此外，本書同時收錄第一版及第二版兩批訪談內容，訪問主要集中於 2020 年及 2023 年，各受訪嘉賓頭銜均以訪問日期為準，不另作標注。

藉此機會，團隊謹向各位受訪的歷史專家、學者、資深教育工作者、校友和支持機構，致以深切謝忱。全賴他們鼎力襄助，本書方可面世。本書編著團隊肩負蒐集及整理有關資料的責任，如有疏漏之處，敬祈讀者指正。

本書編委會希望讀者細味之時，不僅能從中回顧往昔，更可了解教育和社會的互動關係，藉以思考教育的意義。百多年來，香港無數關心教育的社會人士，以及歷代教育工作者，在不同崗位上各自發揮力量，為香港的教育發展和人才培養，付出不少努力，貢獻良多。在此，我們謹向他們敬致由衷謝意！

李子建、鄭保瑛、鄧穎瑜

* 本書所發表內容及觀點僅屬編著者及受訪者的個人意見，並不代表任何機構及其立場。

目錄

由於篇幅所限，本書內文未能收錄各個訪問的全部珍貴
內容。讀者可使用手機掃描此二維碼瀏覽本書網站，觀
看所有訪問的詳細錄影。

第一章

香港教育與九龍學校

編著者 ↓ 李子建 1

旺角亞皆老街　Argyle Street
江啟明

本書資料來源除歷史及學術文獻外，亦包括鄭寶鴻先生、梁操雅博士、蔡思行博士等香港歷史專家親述的寶貴資料。

九龍的範圍包括於 1860 年被英國佔領，界限街以南的九龍半島，以及英國在 1898 年向清廷強租，界限街以北、九龍群山以南的新九龍。現在全港十八分區中，有五區位於九龍，即油尖旺、九龍城、深水埗、黃大仙及觀塘。本書將介紹這五區歷史較長久並於 1960 年前成立的學校，以及它們所在社區的歷史與發展。

一、香港初期教育發展

　　九龍地區的教育和區內學校發展，與全港教育發展息息相關。1960
年，當時的副華民政務司鄭棟材曾指出，1941 年以前香港教育主要受到
四個因素影響，分別為：中國人對教育及中國文化的重視、早期教會對教
育的貢獻、英文教育在經濟上的價值，以及中國主要運動、政治及教育對
香港的影響等。在香港被殖民管治前，其教育發展主要以傳統學塾為主
導。港府在初期並沒有設立官方正式的教育制度，只是鼓勵教會、社會團
體和私人辦學，以及向合資格的中文學塾提供資助，其後於 1855 年將學
塾收編為皇家書館，創官立學校先河。1873 年，港府實施補助書館計劃
（Grant-in-aid Scheme），向受補助學校提供資金，並同時制定學校需要具
備的條件。1879 年，政府修訂補助書館計劃，不再干預校內宗教活動，讓
更多教會學校加入計劃，並於 1893 年把補助班級擴展至中學。

二、九龍早期的學校

　　十九世紀末，香港人口逐漸由香港島遷移至九龍半島。不少早年於港
島區辦學的團體洞悉九龍教育發展的需要，開始在九龍拓展其教育事業。
1887 年，聖公會於九龍創辦土瓜灣聖公會學校（聖公會聖提摩太小學前
身），成為九龍區第一所聖公會小學。此外，本地華人團體亦開始於九龍
辦學。1897 年，一座位於油麻地天后廟右側的書院 [2] 建成；另一書院 [3] 位於
廟宇南端，由東華醫院總理何世光於 1920 年興建。1941 年太平洋戰爭爆

---

[1]　本章內容及意見僅代表李子建個人看法，並不代表香港教育大學的立場及其觀點。

[2]　1972 年，油麻地天后廟廟群重修完工後，書院改建為城隍廟。

[3]　隨着書院的結束，東華三院在書院內增設解籤檔，其後於 2016 至 2019 年期間改為「祭祀習
俗演進館」，現時為自助書店。詳見：東華三院：〈廟宇及文化單位介紹：油麻地書院〉，無
日期。取自 https://temples.tungwahcsd.org/the-school-yaumatei。

Chinese Temple, Yau Ma-ti, Hongkong.

約 1910 年的油麻地天后廟。

圖片來源：香港歷史博物館

發，東華三院所有義學被迫停辦。戰後，東華各義學相繼復課。由於學校冠以廟宇名稱不合時宜，復課後便取消廟宇名稱，故此於 1946 年 12 月復課的天后廟義學，被改名為「東華三院九龍第一免費小學」。1953 年，因校舍殘舊不堪而計劃重建，但校舍本屬天后廟一部分，一旦拆卸重建勢必影響廟宇結構；最後獲政府批地，在旺角山東街水月宮旁近黑布街地段興建新校舍，並於 1955 年 2 月 23 日落成開幕，易名為「九龍第一小學」。新校舍有 12 間課室，設有上下午班及夜校，能收容約 1,500 名兒童，設備均符合當時政府要求，為當年九龍廣大失學兒童提供教育服務。1962 年，東華三院董事局倡議在水月宮近山東街地段增建一座校舍，與九龍第一小學校舍相連；1967 年（丁未年）落成，增加課室六間，定名為「九龍第一小學丁未樓」。1977 年，東華三院為感謝時任總理姚中立慷慨捐助，學校正式易名為「東華三院姚達之紀念小學」，以紀念其先翁；1992 年，為配合發展，該校再遷至天水圍天瑞邨新型標準校舍內，繼續辦學。五年內，上、下午校均擴展至 30 班。1999 年，下午校更遷往天水圍天華邨，以全日制形式續辦，並易名為「東華三院李東海小學」。

鄭寶鴻指出，香港早年較具規模的學校，大多建於較高尚地段。十九世紀末，不少中層階級的歐洲及歐亞家庭鑑於九龍較多寬敞而相宜的房子，漸漸由港島搬到九龍居住，尖沙咀因而成為高尚住宅區。英皇佐治五世學校前身九龍書院、喇沙書院前身聖若瑟書院分校（St. Joseph's Branch School），以及嘉諾撒聖瑪利書院前身聖瑪利學校，均在尖沙咀建校；其後拔萃女書院亦從港島般咸道遷至佐敦道現址。學校以外，尖沙咀還有聖安德烈堂，反映九龍早期的發展是以宗教團體為主導，即教會一方面進行傳教工作，另一方面開辦學校。當時，有些學校既接收英籍及外籍學生，也吸納華人學生，相信是為了配合學校所屬宗教團體的傳教目的。

英皇佐治五世學校建於 1894 年，原址位於彌敦道 136 號[4]。學校最初名為「九龍書院」（Kowloon College）。1896 年，校舍遭颱風摧毀，何東（後

---

[4] 今用作古物古蹟辦事處。

約 1895 年的尖沙咀。
圖片來源：鄭寶鴻先生

1910 至 30 年代，喇沙書院的前身——
聖若瑟書院分校。
圖片來源：喇沙書院

1920 年代，建於佐敦道的拔萃女書院。
圖片來源：鄭寶鴻先生

晉封爵士）於 1900 年捐贈 15,000 元，資助港府於原址重建，原意為所有
國籍兒童提供教育，但遭英商及官員反對，最後只取錄英籍兒童。學校於
1902 年 4 月 19 日正式開幕，並易名為「九龍英童學校」（Kowloon British
School），最初只有 60 位小學生。1923 年，該校轉為中學，並易名為「中
央英童學校」（The Central British School），數年後，學生已逾 300 人。1935
年，學校擬遷往何文田現址，時任港督貝璐爵士（Sir William Peel）為校
舍奠基，於 1936 年 9 月正式開幕。校舍現已列為二級歷史建築物。日治時
期，學校被日軍佔用為醫院；重光後，再被英國皇家空軍徵用作空軍醫院。
學校於 1946 年夏季復課，但當時只有 79 名學生。1947 年，學校開始取錄所
有國籍的學生，並於 1948 年易名為「英皇佐治五世學校」（King George V
School），以紀念學校主樓奠基時在位的英皇佐治五世。1979 年，經過長期
爭議後，校方決定加入英基學校協會，成為旗下學校。

　　二十世紀初，不少葡萄牙人移居至九龍，而嘉諾撒聖瑪利書院和玫瑰
堂的源起皆與葡萄牙人有關，前者於 1900 年創辦，後者於 1905 年落成。該
校是一所補助學校（Grant School），前身為 1887 年由嘉諾撒仁愛女修會創
辦的修女和宿生住所「厄瑪烏」（Emmaus）。1900 年，甘姆姆（Sr. Claudia

約 1930 年代，位於九龍馬頭圍的中央英童學校。
圖片來源：香港歷史博物館

約 1930 年代，位於九龍馬頭圍的中央
英童學校。
圖片來源：香港歷史博物館

兩位修女在學校操場向聖瑪利學校的學生講授天主教教理，攝於 1939 年。
操場旁邊的建築物為舊玫瑰堂。
圖片來源：Canossian Missions Historic Archives – Hong Kong

Compagnotti, FDCC）將其改為聖瑪利學校（St. Mary's School），初期學生
以葡國籍女童為主，招收兩班學生共 30 人。到了 1921 年，學生已增至 220
人，並在漆咸道擴建校舍。

除了油麻地天后廟義學，紅磡差館里著名的觀音廟附近，亦有一所已
停辦的紅磡街坊會小學。1904 年，紅磡三約公所（紅磡三約街坊福利會前
身）當屆總理籌建政府津貼小學，最初名為紅磡街坊公立義學。1944 年二
次大戰時期，學校被誤炸，死傷數百人。1949 年學校重辦，易名為「紅磡
街坊公立學校」。1949 至 1964 年，學校借用位於青州街的官立小學九龍船
塢紀念學校校舍為下午校，而九龍船塢紀念學校則開設上午班。1964 年，
學校完成重建才遷回紅磡差館里原址上課。2007 年，由於收生不足，學校
最終停辦。

二十世紀初，油麻地及旺角一帶不少學校相繼成立。油麻地官立學校
可說是九龍最早的官立學校，1906 年成立，1973 年結束。原址是一座西
式紅磚建築物，即現時油麻地彌敦道及眾坊街交界馬路旁公眾球場所在位
置。1903 年，港府撥出 21,500 元興建油麻地書塾，供華人入讀；1906 年，
校舍落成。根據港府工務司 1905 年年報記載，校舍面積共 18,000 平方

油麻地官立學校,攝於 1967 年。
圖片來源:香港特別行政區政府新聞處

圖為約 1940 年代的海濱學校。校名寓意為「學海無涯，海濱為始」。

圖片來源：香港大學圖書館

呎，包括一個 10,870 平方呎球場，四間課室，可容納學生 200 人。

據 1953 年 12 月 20 日《工商日報》刊載的油麻地官立學校周年校務報告，當時該校設有小四至小六，以及中一至中三課程，分為上、下午校。司徒華於 1946 年入讀油麻地官立學校小學六年級，當時他已 15 歲。拔萃男書院校友兼前任老師馮以浤於本書第二章的訪問中，亦談及 1940 年代要考入油麻地官立學校極不容易，因為入讀該校的學生，修畢一年課程後可升讀皇仁書院或英皇書院。後來，港府進行海底隧道加士居道天橋配套工程，因換地緣故，於 1973 年正式關閉油麻地官立學校。

至於東九龍一帶，包括現時部分九龍城、觀塘區和黃大仙區，早於 1960 年代以前已建有 13 條頗具規模的鄉村，部分村落的歷史更可追溯至宋朝，這一帶統稱為「九龍十三鄉」。這些地區早期的基礎教育主要依賴私塾和義學，其後因戰後重建及政府收地發展，才開始興建學校。

位於現時黃大仙的衙前圍為九龍十三鄉中唯一的圍村。1894 年，吳氏在村內興建祠堂，並設有義學，為吳氏子弟及村內學童提供教育。1962 年，因政府徵用相關地皮興建黃大仙東頭邨，吳氏因而獲資助興建至德公立學校，為周邊適齡學童提供教育。至於四山公立學校則建於 1952 年，前身為四山義學，原位於觀塘茜草灣天后宮內。1946 年，亞細亞火油公司於茜草灣填海闢地，天后宮須遷拆重建。在當時華民政務司杜德（Roland R. Todd）的協助下，村民成功籌建四山公立學校，以滿足茶果嶺一帶適齡學童的教育需求。此外，昔日觀塘鯉魚門村亦有一所海濱學校，其歷史源流可追溯至二十世紀初，為當地兩大石商曾林安及葉華勝籌建的私塾。二戰期間，校舍被毀，一眾熱心村民遂自行籌款，並於 1946 年建成海濱學校。可惜這幾所承載九龍鄉村教育歷史的學校，其後因收生不足而陸續停辦。

三、二十世紀初香港教育政策

1903 年的《補助則例》（Grant Code）為規模較大、辦學較完善的教會學校提供資助，發展中學課程。到了 1920 年代，香港島和九龍區各所補助

學校，如：聖保羅書院、英華書院、拔萃男書院、聖若瑟書院、意大利修院學校（即嘉諾撒聖心書院前身）、聖方濟各學校、聖瑪利學校及拔萃女書院等，紛紛成為英語教育的重要支柱。及至 1930 年代，九龍區較年輕的補助學校如：喇沙書院、九龍華仁書院和瑪利諾修院學校等，也迅速成為名校。

為確保教育質素，香港政府於 1913 年公佈《一九一三年教育條例》（Education Ordinance 1913），規定學校必須向教育司署註冊，並接受當局監督及遵守有關規定。這是一條對香港教育極為重要的法例。1913 年時，全港學生人數少於 20,000；到了 1931 年已增至近 70,000。

學制方面，戰前香港中英雙制並行。當時，香港小學多是四年制，近似內地的初級小學，卻可銜接當時香港的八年制中學；不過，也有不少學校依循中國自 1922 年起實施的六三三學制（壬戌學制）發展，而且數目逐漸增加，雖然正式向內地政府立案的不多。1951 年的學制改革後，官立英文中學採用了五年中學及兩年大學預科的學制。

四、1920 至 40 年代的香港教育與九龍學校

除了尖沙咀的住宅區外，葡萄牙人梭亞雷斯（Francisco Paulo de Vasconcelos Soares）所建位於何文田自由道、太平道及勝利道的花園城市，以及英人義德（Charles M. Ede）籌建的九龍塘花園城市，於二十世紀初相繼落成。因此，不少教會選擇在何文田和九龍塘一帶興建學校。

喇沙書院是九龍城區其中一所歷史較悠久的學校。1917 年左右，聖若瑟書院修士在尖沙咀漆咸道開設聖若瑟書院九龍分校（St. Joseph's Branch School）；後來因校舍不敷應用，於 1932 年在九龍塘界限街興建新校，命名為「喇沙書院」。1936 年，喇沙書院成為當時全港規模最大的學校，共約 880 名學生。1939 年，二次大戰爆發，香港政府徵用校舍作軍事監獄，後來再改作醫院。1957 年，喇沙小學成立。1959 年，辦學團體從政府取回校舍，並分成中學及小學兩部分。

　　另一所歷史悠久的男校九龍華仁書院，原為徐仁壽創立之華仁書院的九龍分校，於 1924 年成立；最初坐落砵蘭街 70 號，及後遷往奶路臣街8 號。1941 年 9 月 8 日，九龍華仁書院設立柯士甸道分校，並於 1952 年遷往當時稱為火棚的窩打老道 56 號。華仁書院神父一向非常重視全人教育，讓學生探索和發展自己的長處、潛能和個人興趣；這正是華仁教育的特色。

　　美國瑪利諾女修會的六位修女在 1921 年 11 月來港傳教，最初在九龍南部租用一間毗鄰玫瑰堂的房子作為修道院，其後遷至柯士甸道 103 號。修會初期已為本地華人女孩及婦女提供縫製班，並傳揚福音，隨後擴展教育服務，於 1925 年創辦天主教女校：瑪利諾修院學校。初期僅為一所幼稚園，為葡萄牙學生提供英語教育，並無正式校舍，只是借用尖沙咀柯士甸道修道院的房間充當課室。第一屆學生只有 12 人，1928 年增至五班；

從拔萃男書院遠眺九龍塘「花園城市」，前方為太子道，攝於 1926 年。
圖片來源：政府檔案處歷史檔案館

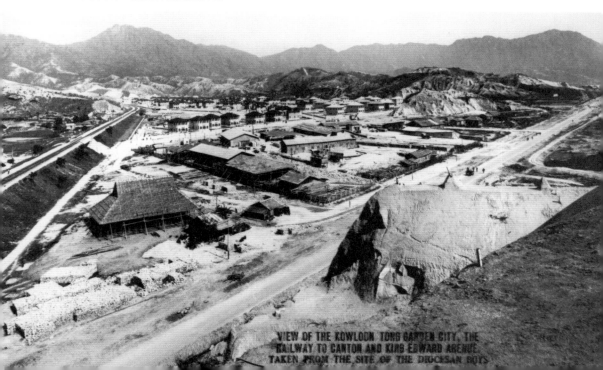

VIEW OF THE KOWLOON TONG GARDEN CITY, THE RAILWAY TO CANTON AND KIRB EDWARD AVENUE TAKEN FROM THE SITE OF THE DIOCESAN BOYS

喇沙書院校舍，攝於 1945 年。
圖片來源：香港歷史博物館

1928 年，九龍華仁書院遷入位於旺角奶路臣街 8 號的自購物業。
圖片來源：九龍華仁書院

1952 年，九龍華仁書院位於窩打老道 56 號的新校舍啟用，
由港督葛量洪爵士（Sir Alexander Grantham）主持揭幕禮。
圖片來源：九龍華仁書院

1940年瑪利諾女修會會祖瑪利亞若瑟修女（Mother Mary Joseph）訪問香港期間與修女們在瑪利諾修院學校合照。
圖片來源：瑪利諾修院學校（小學部）

後來因學生人數持續上升，校舍先後遷至金巴利道2號及太子道248號。其時學生的國籍包括中國、英國、葡萄牙、愛爾蘭、法國、德國、美國等。1929年，恩理覺主教（Bishop Enrico Valtorta）認為學校應遷到九龍塘區。1936年，港督郝德傑爵士（Sir Andrew Caldecott）主持窩打老道新校舍的奠基儀式。同年，瑪利諾修院學校成為其中一所政府補助學校，並在翌年遷到新校舍，為學生提供更完善的學習環境。古色古香的紅磚建築成為區內地標，小學部主樓和修院在2008年更被列為香港法定古蹟。日佔時期，校舍亦曾改作日軍醫院。學校在1946年1月復課。1960年，因學生人數急增，中學部遷至何東道5號現址，而窩打老道舊址主樓則由小學部繼續使用。瑪利諾修院學校畢業生均以母校為榮，她們有一句為人熟悉的口號："Once a Maryknoller, forever a Maryknoller"。

英華書院（Anglo-Chinese College，後稱Ying Wa College）創辦人為馬禮遜（Robert Morrison）。他早於1812年已計劃建立一所訓練華裔傳道人，並以溝通東西方文化為宗旨的書院。書院於1818年11月11日在馬六甲城西進行奠基典禮。1842年，香港正式割讓予英國，英華書院翌年遷往香港。書院曾於1856年停辦，在1914年復辦；二戰時再次停辦，1945年

1930 年代的瑪利諾修院學校校舍。
圖片來源：瑪利諾修院學校（小學部）

日本戰敗後重開。1963 年，中學部遷至牛津道新校舍，小學部隨後停辦。
2003 年西九龍校舍落成，復辦小學，其後於 2008 年轉為直接資助學校。

現時位於佐敦道 1 號的拔萃女書院，創校歷史可回溯至 1860 年由聖
公會施美夫會督夫人創立的 "Diocesan Native Female Training School"，
當時專為女生提供教育。可惜學校因財政問題而關閉，原址其後改為
"Diocesan Home and Orphanage"（又稱日字樓孤子院），並逐步轉型為男
校。1899 年，"Diocesan Girls' School and Orphanage" 在香港島般咸道
Rose Villa 正式成立，1900 年改名為 "Diocesan Girls' School"。由於學
生人數漸增，校舍不敷應用，學校遂於 1913 年遷至九龍現址。

協恩中學成立於 1936 年，由飛利女校（Fairlea Girls' School）和維多
利亞居留院（Victoria Home and Orphanage，或稱維多利亞女校）合併而
成。飛利女校創立於 1886 年，而維多利亞女校則於 1887 年成立，兩所學
校均由英國海外傳道會（Church Missionary Society）創辦。兩校以基礎教
育為主，教導初小至高中學生語文和聖經。飛利女校曾經與聖士提反女子
中學共用同一校舍，由於地方不敷應用，1936 年與維多利亞女校合併，成
為協恩中學，以「協力藉恩，信主愛群」為校訓。該校校友會會訊中曾有
校友憶述，1940 及 50 年代，協恩中學四周只有農地和醬園；戰後由於不
少內地同胞來港，學校附近的
農地改建為寮屋，而協恩也為
部分青少年和兒童開辦義學。
當年很多協恩女生入讀師範學
院，葛量洪師範專科學校初期
也有很多協恩畢業生。1950、
60 年代，協恩學生勤懇、儉
樸、有禮，更樂於助人。當時
她們曾到鄉村辦義學，或許這
就是協恩畢業生喜歡當老師的
原因。

二戰後許多學校被戰火摧毀，協恩中學曾暫時錄取男學
生，以便他們日後轉到其他學校就讀，攝於約 1946 年。
圖片來源：協恩中學

英華書院位於弼街的校舍。
圖片來源：英華書院

　　上述的學校除了與教會關係密切，更是香港補助學校議會現今 22 所
成員學校之一。

　　1931 年左右，由於港府實行英語教學和精英教育導向政策，小學和中
文教育以私立和收費學校為主，因此能完成六年小學的學童估計只得百分
之五十五左右，當中能夠升上中學的更不到一半。在這種情況下，義學便
扮演着極為重要的角色，包括由東華三院、孔聖會和其他團體開設的義學。

　　1920 至 30 年代，中國的「五四」及新文化運動對香港中文教育發展
產生一定的影響，促成不少私立中文中學的開辦，當中大致可分為四類：
（一）從早期塾館發展而成的新式中學，例如：子褒學校、孔教中學、梅
芳中學等，課程包括傳統的四書五經、《左傳》等，並會另外聘請教師教
授數學、英文、自然科學等科目；（二）由本港知名人士或與外地歸來的
知識分子合辦的中學，例如：1920 年代的仿林中學、崇蘭中學、民生書
院、西南書院等；（三）由內地避居香港的人士開辦的中學，例如：華僑
中學、知行中學等，多採用中華書局或商務印書館所編的課本；（四）內
地一些歷史悠久的知名學校來港設立分校。簡而言之，香港戰前教育發展
所出現的中英文學校雙體制，以及近代的學校體系，多少反映香港「中西
交匯」的特色。此外，中日戰爭時期不少內地名校遷至香港，也加速了私
立中文學校的發展。

　　隨着九龍沿岸一帶的發展，政府於二十世紀初進行九龍灣填海計劃。
第一期工程於 1920 年完成，並命名為「啟德濱」。由於啟德濱教育設施
並未完備，發展商曹善允博士便建議集資創辦一所學校。民生書院於 1926
年正式啟校，為九龍區第一所提供中英文教育的私立中學，學制參考中華
民國教育新制。1939 年位於嘉林邊道尾、侯王廟附近的新校舍落成，一直
使用至今。

　　1931 年 1 月，中華民國廣東省教育廳發出通告，容許香港中文私立學
校向其部門註冊，而同時亦可向香港當局註冊。根據劉翠珊、趙永佳和鄭
潔晴的研究，當時香港一些學校曾向中華民國政府註冊，包括：九龍大同
學校、又一村學校、大同英文書院、大角咀學校、西南英文書院、仿林男

1920 年代，民生書院位於啟德濱二號的校舍。
圖片來源：民生書院

民生書院學生於啟德濱運動場合照，攝於 1932 年。
圖片來源：民生書院

女中學、香港漁業工商總會油麻地義學、紅磡小學、京士柏學校、培正中學、培英學校、培德學校、珠海英文中學、惠僑學校、新法中文中學、華英女子中學、德明下午中學、靜宜女子中學、潮洲公學、麗澤中學、德明中學等。上述學校到了 1970 及 80 年代，部分放棄其原來校舍，亦有些現已停辦。

　　上述的麗澤中學，於 1929 年春天創立，最初名為「麗澤女子中學」，設在灣仔鳳凰台，後來正校遷至香港堅尼地道，而位於九龍佐敦道的分校則遷往九龍德興街。由於學生人數增加，分校另在尖沙咀諾士佛台租借地方開辦中學部。戰後，辦學團體重修德興街舊址，改名為「麗澤中學」；1955 年更獲政府批出尖沙咀廣東道官地，建立新校舍。1956 年 9 月，德興街中學部及廟街小學部遷入尖沙咀廣東道新校舍上課，並開辦高級中學。麗澤中學以「自強不息」為校訓，一方面廣傳基督福音，另一方面重視母語教學和傳統中國文化，以及學生的文學素養。

麗澤中學學生於德興街校舍前合照。
圖片來源：麗澤中學

麗澤中學德興街分校校舍。
圖片來源：麗澤中學

1956 年，德明中學的亞皆老街校舍。
圖片來源：梁經緯先生

　　德明教育機構於 1931 年成立，其後在廣州創辦中學，以紀念及發揚
國父孫中山先生的偉大思想。1934 年，陳濟棠、胡漢民、林雲陔於九龍旺
角洗衣街創立德明中學；1936 年，更增設灣仔德明分校和九龍城第二分
校；1939 年，再於旺角亞皆老街分別設立德明小學部及女中部。戰後，德
明於 1951 年還創辦下午及夜中學，開全港先河；1960 年，增辦德明書院，
成為涵蓋由幼稚園、小學、中學至大專（大學）的完整教育體系，學生增
至 12,000 餘人。《德明校刊》第十一期（1964 年）記載了小學部校務概況，
當中提及在校務工作的實施上，有下列特點：（1）管教並重；（2）以鼓勵

代替懲罰;(3)根絕阿飛[5];(4)課外活動的重視;(5)舉辦學科比賽;及(6)
出版壁報。

　　1932 年後,不少廣州學校陸續來港開設分校,既作為僑校,亦遠避戰
禍。培正香港分校建於 1933 年,真光女子中學則於 1935 年設立香港私立
真光小學,而培道學校亦在戰後 1946 年來港辦學。這類學校在香港教育
發展史上有着很重要的位置,反映省港兩地相近的辦學理念,尤其在 1950
年前。

　　真光書院於 1872 年在廣州成立,是一所教會開辦的女子學校,最初
只有六名學生。1917 年,真光女子中學在廣州白鶴洞落成,學生人數劇
增,顯示幾十年間中國人思想上的改變:從抗拒外國文化,轉變為接受和
認同。1949 年,九龍真光中學選定九龍窩打老道 115 號為校址,其後於
1958 年獲香港政府撥地在九龍塘真光里 1 號擴建校舍,並在 1960 年開辦
附屬小學及幼稚園。此外,位於廣州的培道女子中學由美國南方浸信會女
傳道會於 1888 年創辦,而培正中學則由廣州浸信會於 1889 年創立。

1949 年,九龍真光中學的窩打老道校舍。
圖片來源:九龍真光中學

---

[5] 「阿飛」是上世紀六十年代左右香港社會對不良青少年的稱呼。

1958 年，九龍真光中學於真
光里 1 號舉行新校動土禮。
圖片來源：九龍真光中學

1954 年，香港培道女子中學
教職員於新建校舍開幕典禮
上合照。

圖片來源：香港培道中學

1933 年，培正香港分校奠基
典禮。

圖片來源：香港培正中學

　　真光書院的始創人是協和中學校董，協和中學最初名為慈愛保姆傳習所，專門培訓幼兒老師。廣州真光女子中學遷往廣州白鶴洞之後，那夏理女士（Miss Harriet Noyes）與碧盧夫人（Mrs Bigelow）協商後，將原本於真光書院開設的師範班與慈愛幼稚師範學校（1913 年成立）合併為「協和師範學校」（Union Normal School）。1931 年，中華基督教會廣州協會加入，並重組校董會。廖奉靈校長向政府申辦中學，定名「協和女子中學校」。1947 年，廖校長和施禮常姑娘（Miss Schaefer）來港策劃建校，租用九龍根德道 22 號作校址。1959 年，在汪彼得牧師幫助下，向政府取得九龍太子道地段建立中華基督教會協和小學。據 1960 年 11 月 20 日《華僑日報》報道，助理教育司何雅明主持新校舍開幕典禮時指出：「校舍是學校的團體生活和教育思想的庇蔭所在，它的啟用是對主辦者的一種功績，但是啟用時也是一個適當瞻望前途的時機。」

　　1935 年，英國教育部督學賓尼（E. Burney）建議，香港日後要多注重中文學校，尤其中文小學的發展。可是，到了 1938 年，18 所補助學校之中，只有聖保羅女校、英華女學校及協恩中學採用內地的「六三三」學制和中英雙語教學，其餘 15 所均為英文中學（Anglo-Chinese schools），以英語為主要教學語言。賓尼於報告中亦主張，學校課程須加強健康和衛生元素，以及音樂、體育、圖畫和工藝等科目的學習，政府其後擬定於十年內增建 50 所中小學，以回應當時的教育需求。可惜，由於太平洋戰爭爆發，香港的教育改革未能全面展開。

1947 年，香港培道女子中學
租賃位於嘉林邊道的校舍，
調撥學生在該處上課。

圖片來源：香港培道中學

　　到了 1938 年，全港共有學校 1,249 所，學生約十萬人。從種類而言，當時學校一般為中、小學。小學包括私塾，中學也包括「中學」（secondary schools）和「書院」（colleges）。部分中學的七、八班接收 10 至 11 歲的學童，但同時小學的五、六年級也會取錄同一年齡的學童，因此，學童的教育程度大致是以他們入讀的學校（中學或小學）來界定。就課程及教學語言方面來說，英文學校與中文學校於 1938 年，比例約為一與五之比。經費方面，當時學校可分為政府學校、補助學校（包括補助英文男校、補助英文女校和補助漢文女校）、津貼學校[6]（分為市區及農區）和私立學校等。不論官立學校或者教會學校，大部分學校在 1930 年代都會收取學費，每年由 20 元至超過 160 元不等，但一些市區的私塾則只收取 12 元而已，差距頗大。

五、戰後發展

　　方駿和麥肖玲根據 1930 至 50 年代的報章資料，梳理出香港教育在該段時期的主題和主線，包括：量的發展、公私營學校的消長、追求質素、教育機會與甄選，以及學生的精神面貌等。筆者對當時私立學校在香港教育的貢獻和面對的困難，以及不同團體開辦的義學和「走鬼學校」[7]的出現，感受頗深。另一方面，正如程介明所言，1940 至 50 年代，政府滿足於少數精英學校作為教育制度的支柱；而 1950 至 60 年代初，政府似乎還要應對「左派與右派學校的競爭」[8]。其實，香港政府對民族主義思潮在私立

---

[6]　二十世紀初，受補助的學校達百多所，惟以中式傳統教育佔大多數，且良莠不齊。政府遂推出以小學為目標的津貼計劃。

[7]　麥肖玲、方駿：〈1930-1950 年代香港基礎教育的發展與挑戰：中文剪報鉤沉〉，《基礎教育學報》，2007 年，第 16 卷第 2 期，頁 10。

[8]　程介明：〈教育的回顧（下篇）〉，載於王賡武主編：《香港史新編（下冊）》（增訂版）（頁 533-561）。香港：三聯書店，2017 年，頁 533。

中學內傳播，早已關注。1920 年代，港府已從市區華人社團開辦的中文小學中，選出 27 所，給予小額資助，以便納入管理，並於 1926 年成立官立漢文中學（現金文泰中學）。

1950 至 60 年代，普及小學教育是香港教育的主要成就。1946 年，戰後香港首位教育司柳惠露（Thomas Richmond Rowell，或譯羅威爾），提出於 1950 年建成 50 所中文小學。港府亦於 1949 年舉辦香港戰後首屆小學會考，供修畢小學的學生參加，並甄選全港成績最好的 150 名學生，給予獎學金升讀官立或補助中學，同時推行半日制小學，以解決大量學童的教育問題。

1949 年，中國政權易手，大量內地人移居香港，令香港人口幾年間增加了數十萬。港府開始考慮如何安置他們，協助他們在香港生活，也要解決他們的教育問題。儘管當時港府不斷興建學校，始終資源有限，加上港府認為不同機構可以扮演重要角色，因而大力推動社會及宗教團體辦學。當中東華三院早於 1880 年已開始辦學，而戰後基督教會與天主教會亦在香港投入

屹立於飛鵝山旁的德望學校校舍，攝於 1956 年。
圖片來源：香港大學圖書館

很多力量在社會福利工作上，更開發了一些基督教新村，如在九龍竹園、東頭、何文田、京士柏等地興建平房徙置區等，還在區內興建小學和夜校。例如：由母佑會創立的聖母學校（現聖母書院），以及由聖母無原罪傳教女修會創立的德望學校。這兩所學校起初只設有幼稚園和小學部，隨着適齡學童增加，才增設中學部。1954 年，德望學校於九龍窩打老道 125 號創辦；翌年，小學部遷往飛鵝山腳下的北九龍 3810 地段「德望崗」；及至 1957 年，中學部正式開始招收中一和中二學生。

　　戰後初期，香港有很多在唐樓開設的學校，稱為「樓上學校」[9]，如：中國兒童書院和端正學校等。樓上學校的辦學條件縱使良莠不齊，卻為香港培育了不少人才。此外，隨着戰後公共房屋的發展，徙置區及廉租屋相繼出現，黃大仙區和觀塘區亦開辦了不少設置在公共屋邨的天台學校，包括：位於黃大仙下邨的為道學校暨幼稚園、位於樂富邨的生命堂小學、位

設於黃大仙徙置大廈的天台小學，攝於 1962 年。
圖片來源：香港特別行政區政府新聞處

---

[9]　這個名稱在筆者與梁操雅博士的訪談中被提及。

於橫頭磡邨的橫頭磡神召會康樂學校，以及位於觀塘徙置區的觀塘小學
（又稱潮光小學）等。後來，為改善學習環境，屋邨內的學校設計亦從徙置
大廈的天台學校，過渡至附建學校，以及後來獨立式的「火柴盒」小學。
這類學校大多沒有附設運動場地，需要借用同邨的公共設施上體育課。其
後，也有一些非華語學校，以南亞裔或少數族裔學生為主，在某些社區如
葵青等出現。由此可見，香港當時的教育，特別在辦學方面，空間很大，
亦很多元化。補助學校以外，1970 年代初，津貼或資助學校開始出現。第
一批津貼學校，包括：位於九龍的天主教伍華中學、東華三院黃笏南中學
等。1983 至 1990 年這段期間，是中學發展的高峰期；而 1983 和 1984 年
中學會考考生人數最多，學校考生約 12 萬，反映對教育的龐大需求。

　　生活水準方面，1950 年代學生人數眾多，教師的薪金偏低（約 100 至
200 元），而學費卻頗昂貴（1950 年代後期，高中學費每月約 40 餘元）。
因此，很多時候，家庭中部分年長子女須外出工作，供弟妹讀書，自己則
在晚上唸夜校，實行「半工讀」的生活。

　　1950 年，港府邀請英國曼徹斯特首席教育官菲沙（N. G. Fisher）來
港，研究小學教育政策。翌年，港府發表《菲沙報告》，提出多項建議，包
括：發展小學和師範教育、推行英文教育、鼓勵課外活動、加強校政、改
組教育司署等，對香港教育發展有深遠影響。1954 年，時任教育司高詩雅
（Douglas James Smyth Crozier）擬訂《小學擴展的七年計劃》，並於 1955
年頒布《小學國語科課程標準》，規定各年級不得再選用四書五經等傳統教
材，而國文科則改稱為國語科，可見政治考慮對教材和課本使用的影響。

　　二戰後，香港學校百花齊放。香港社會其實也有不少熱心人士和團體
樂意為貧苦的失學兒童辦學，其中包括杜葉錫恩女士、杜學魁先生和戴中
先生。1954 年，他們在資金緊絀的情況下，於九龍啟德新村建立了香港第
一所帳篷學校，命名為「慕光中學」；三人分擔主要校務及教學工作。學
校只收取廉宜的學費，第一屆學生大多來自工人和農民家庭。1955 年，
學校收到來自加拿大善長的一筆捐款，隨即興建新校舍以招收更多學生；
1956 年，學校更名為「慕光英文書院」。

杜葉錫恩女士與杜學魁校長於慕光中學大門合照。
圖片來源：慕光英文書院

香島中學於 1956 年 9 月落成位處大坑東桃源街 33 號的
正校校舍。
圖片來源：香島中學

　　除此之外，更多左派學校在 1940 年代陸續出現，位於九龍的，包括：
香島中學和旺角勞工子弟學校（現創知中學）；另一類由國民政府支持的
學校，亦已在戰前建立，如前述的德明中學。

　　1946 年，香島中學在九龍窩打老道 72 號創辦，1947 年更在九龍運動
場道附近另租地方作為中學部；建校初期，出版《中小學民主教育探索》，
以迎接新中國的成立和全面解放。1946 年時，香島中學約有學生 300 餘
人，分為高中兩班，初中四班，小學七班。

　　勞工子弟學校（簡稱「勞校」，現名「創知中學」）創立於 1946 年。
戰後民生困苦，工人子弟失學問題極為嚴重。1946 年，香港 21 個主要行
業的工會組成「港九勞工子弟教育促進會」（後易名為「港九勞工教育促
進會」，簡稱「勞教會」），向社會各界呼籲，支持籌辦勞工子弟學校，反
應正面。1946 年 9 月，第一所勞工子弟學校在灣仔駱克道海軍船塢華員職

港九勞工子弟教育促進會全體會員合照，攝於 1946 年。
圖片來源：創知中學

工會會址開辦。1947 年 2 月，位於九龍彌敦道的旺角勞校成立。到了 1948 年，勞教會相繼在各區開辦了 12 所勞校，有學生 2,000 人。根據《大公報》1949 年 5 月 28 日報道，當時香港失學兒童至少有 50,000 人。香港政府為了解決勞工子弟的教育問題，創辦了兩所官立學校，收容勞工子弟。其中一所為曾與紅磡街坊會小學共用校舍的九龍船塢紀念學校，取錄學生不少為來自九廣鐵路和黃埔船塢的職工子弟。政府一方面建設新學校，一方面卻打算接管各所勞工子弟學校，因為政府認為當時勞校的校舍不符規定，而且師資不合標準。1949 年 5 月 20 日，教育司突然通知，要撤銷勞校註冊。不過，勞教會負責人認為，勞校教師表現甚獲公眾好評，便立即推行「護校運動」，要求政府取消殺校決定，結果成功護校。港督最後決定保留五所勞校。1950 年，旺角勞校被逼遷，學校因而發動大型賣花活動，籌款建設新校舍，成績十分理想。旺角勞校新校舍終於 1951 年 4 月落成。

1950 至 60 年代的旺角勞工子弟學校校舍。
圖片來源：創知中學

　　區內另一所學校南華中學，由陳燕翔於 1946 年創立，位於九龍何文田太平道，為私立中學，收容失學兒童。戰後初期，天主教香港教區有感當時教會所辦中學多為英文中學，因此，於 1948 年將堅道校舍給予南華中學，作為教會一所有規模的中文中學；該校因而由九龍遷往港島。校友李樂詩博士也曾在堅道南華中學讀至中三。根據《南華中學四十周年校慶特刊》報道，1965 年，白英奇主教（Bishop Lorenzo Bianchi, PIME）積極提倡教育，創設多所教區中學。陳燕翔校長亦將堅道校舍交還教區，並獲政府撥地 40,000 餘呎興建新校舍。而南華亦成為教區學校成員之一，並由港島遷往九龍長沙灣現址。1978 年，南華中學成為全津貼中學。第三任校長李晉鏗在職期間，學校正名為「天主教南華中學」，並因應時代發展，逐步結束中文部，另增設文、理組預科班。

　　為配合戰後教師的需求及培訓，港府於 1946 年重開「羅富國師範學院」，並於同年成立「香港官立鄉村師範專科學校」（簡稱「鄉師」），而「葛量洪師範專科學校」（簡稱「葛師」）亦於 1951 年 9 月成立，提供一年制課程，培訓以中文授課的小學教師。葛師最先借用英皇書院作為校舍，1952 年遷至九龍加士居道新校舍，並由時任港督葛量洪爵士主持新校舍開幕儀式。葛師校風一貫嚴格而傳統，同學須穿着校服上課和實習、早上回校時要簽名報到，上課前及午餐後亦要點名。葛師成立初期，課程包括必修科和選修科：必修科有中文、算術、社會、自然、視聽教學、示範和批評教學、教學實習和普通英文；選修科則有美術、音樂、家政和木工。全日制課程以外，葛師亦開辦部分時間制在職教師訓練課程。1953 年，鄉師合併於葛師。1964 年，葛師推出全日兩年制課程，培訓小學及初中教師。三年後，葛師正式易名為「葛量洪教育學院」。其後，在《高中及專上教育發展白皮書》的建議下，於 1980 年代開始，開辦三年全日制課程及兩年全日制課程，還開辦各類在職幼稚園教師訓練課程。1992 年，為改善師資培訓和發展教學專業，教育統籌委員會《第五號報告書》建議，將羅富國教育學院、葛量洪教育學院、柏立基教育學院、香港工商師範學院和香港語文教育學院，合併為「香港教育學院」（現香港教育大學）。1994 年，

香港教育學院正式成立，原屬葛師的加士居道校舍成為香港教育學院其中一所分校，至 2000 年 9 月遷出。

　　與師範學院的歷史淵源關係密切的，還有香港漢文師範同學會各屬校。香港戰前的中文師資訓練，主要由四所院校提供，包括：「香港實業專科學院（Hong Kong Technical Institute）漢文師資班」（簡稱「夜師」）、「官立男子漢文師範學堂」（Vernacular Normal School for Men，簡稱「日師」）、「官立漢文女子師範學堂」（Vernacular Normal School for Women，簡稱「女師」）及「大埔官立漢文師範學校」（Tai Po Vernacular Normal School，簡稱「埔師」）。1939 年，香港師資學院（即羅富國師範學院前身）成立，其後日師及女師停止收生。戰後，夜師曾短暫復辦漢文師範班，但隨着最後一屆畢業生於 1950 年離校而停辦。由四所院校畢業生組成的「香港漢文師範同學會」，始創於 1928 年，以「興學育材，服務教育」為宗旨。雖然漢文師範四校最終隨着教育政策發展而被取代，但由其畢業生組成的同學會繼續興學育才，拓展教育服務，以回應當時的教育需求。據《工商日報》1946 年 9 月 20 日報道，該會在油麻地廣華道的超然學校內開設第一所平民義校，為百多名失學兒童提供教育機會，費用主要由同學會成員捐助。其後，該會分別借用佐敦道積臣英文學校校舍及衙前圍吳氏宗祠開辦義學，成為漢師第一、二日校。1950 年

1952 年，葛量洪師範專科學校正式遷往位於加士居道的新校舍。

圖片來源：香港教育大學香港教育博物館

代，同學會獲教育當局撥出一幅位於九龍洗衣街的一萬多呎地段，自行籌建校舍，將兩所日校合併為「香港漢文師範同學會學校」，並於 1957 年 3 月 15 日開課。該會再於 1963 年及 1971 年，分別開辦「漢文師範同學會梁端卿小學」和「香港漢文師範同學會陶秀小學」，以及多所夜校及英文夜中學。隨着區內重建和教育政策改變等因素，兩所屬校相繼於 1980 年代結束；而香港漢文師範同學會學校亦於 2006 年 9 月停辦。目前，該會在何文田開辦「漢師幼稚園（龍總）」，並與其他機構合辦兩所學校，包括位於長洲的「國民學校漢師中英文幼稚園及幼兒園」，以及於旺角校舍開辦的「漢師德萃學校」。

1952 年，時任總督葛量洪爵士（左三）在葛量洪師範專科學校新校舍開幕典禮上致辭。圖中左四及左六分別為前教育司柳惠露及創院院長張榮冕。

圖片來源：香港教育大學香港教育博物館

六、九龍學校巡禮 —— 部分於1951年前成立之九龍區學校

由陳公哲在 1938 年所編的《香港指南》，曾列出當時九龍區的學校（表一）[10]：

學校	地址
九龍書院	九龍亞皆老道
拔萃女書院	九龍皇囿
拔萃男書院	九龍何文田
協恩女子中學校	九龍馬頭圍道
聖瑪利書院	九龍漆咸道
德明中小學	旺角洗衣街
民範中學	九龍何文田亞皆老街

由於九龍區學校早期主要位於油尖旺、九龍城和深水埗區，本書編著團隊嘗試整理出部分在 1951 年前已在這三區運作的學校，名單見後頁（表二、三、四）[11,12]。有關黃大仙區及觀塘區早期的教育發展，可參閱本章第二及第五節。

---

[10] 陳公哲編：《香港指南》。香港：商務印書館，2014 年，頁 38-39。（《香港指南》的初版在 1938 年刊行，是介紹香港的旅遊書。商務印書館於 2014 年以復刻版形式再次刊行該書。）

[11] 名單主要參閱以下資料整合而成：
〈香港中國立案學校招生一覽〉，《工商日報》，1941 年 7 月 31 日。
王齊樂：《香港中文教育發展史》。香港：波文書局，1983 年。
方美賢：《香港早期教育發展史》。香港：中國學社，1975 年，頁 190-222。
呂家偉、趙世銘編：《港澳學校概覽》。香港：中華時報社，1939 年。
劉粵聲主編：《香港基督教會史》（重排增訂版）。香港：香港浸信教會，1996 年，頁 191-245、335-358。
香港勞校教育機構：《1946 勞校校史》。香港：香港勞校教育機構，無日期，頁 28-30。

[12] 部分學校的校址變動次數較多，編著團隊主要根據文獻列出 1951 年前於九龍設有校舍的學校，並參考 2019 年區議會一般選舉選區分界作出簡單分類。由於資料繁多，舉隅未能盡錄，名單僅供參考。

（一）油尖旺區

（表二）

學校	創辦年份	學校	創辦年份
拔萃女書院	1860	東華三院九龍第一義學 （即後來的東華三院九龍第一 免費小學）	1897
聖瑪利學校 （現為嘉諾撒聖瑪利書院及嘉諾撒 聖瑪利學校）	1900	光漢學校	1904
油麻地官立學校	1906	聖公會學校	1919
皇覺書院	1922	正中中學	1923
志賢女子中學	1924	九龍華仁書院 [13]	1924
潔芳女子中學	1925	廣州大學附屬中學 [14]	1928
金陵中學 [15]	1928	麗澤女子中學 （現名麗澤中學）	1929
廣州思思中學香港分校 [16]	1929	德信學校	1930
嶺東男女中學	1930	東方男女中學	1931
德明中學	1934	華南中學	1935
文化中學 [17]	1936	民光中學	1938
興中中學	1938	漢華中學	1938
民權學校	1946	威靈頓英文中學	1947
摩托車勞工子弟學校	1947	油麻地勞工子弟學校	1948
砵蘭街勞工子弟學校	1948	九龍三育中學	1950

---

[13] 九龍華仁書院原為 1919 年創辦的華仁書院分校。

[14] 廣州大學附屬中學校於 1928 年在廣州市創立，原為廣州女子中學，後來因中日戰爭而在 1938 年遷至香港。

[15] 金陵中學原址位於廣州市桂香街，至 1937 年因中日戰爭而在香港增設校舍。

[16] 廣州思思中學由嶺南大學思思學社所創辦，七七事變後於港澳設立多所分校。

[17] 文化中學在 1936 年始創於廣州河南，隨後因戰火波及廣州而遷至香港，並與位於深水埗的香港文化中學合併。

（續上表）

其他創辦年份不詳的學校：

九龍民範中學、中僑學校、孔教學校、民智中學、民德學校、民聲學校、立人學校、伊維英文書院、百大尼學校、至聖學校、努力學校、明新學校、建成中學、思聰學校、英光學校、兼善學校、振寰學校、珠江中學、培基學校、培智學校、培羣中學、博文學校、港龍英文書院、詠云學校、超然學校、越南學校、勤敏學校、新生學校、道南學校、僑聯學校、實用學校、漢英中學、廣州遠東中學港校、慕勤學校、潔文學校、衛民學校、導英中學、澤羣中學、選南學校、勵行學校、勵志學校、嶺表中學暨附屬小學校、燦華學校、燦環學校、鑰智中學等

（二）九龍城區

（表三）

學校	創辦年份	學校	創辦年份
拔萃男書院 [18]	1869	九龍真光中學 [19]	1872
聖公會學校（現名聖公會聖提摩太小學）	1887	香港培道中學	1888
聖三一小學校	1889	廣州培正中學香港分校（現名香港培正中學）[20]	1889
聖德學校（現名天神嘉諾撒學校）	1890	九龍書院（現名英皇佐治五世學校）	1894
聖公會學校（其後名為聖公會諸聖小學）	1896	紅磡街坊公立學校（其後名紅磡街坊會小學）	1904
中華基督教會協和小學	1911	陶秀女子中學	1920
仿林中學九龍分校	1923	瑪利諾修院學校	1925
民生書院	1926	西南中學	1929
私立廣州大中中學 [21]	1929	導羣中學	1930
喇沙書院	1932	耀中學校（現名耀中國際學校）	1932

---

[18] 拔萃男書院最初命名為曰字樓孤子院，位於港島西營盤般咸道。

[19] 廣州芳村白鶴洞真光女子中學於 1949 年遷校來港，並定名為九龍真光中學。

[20] 廣州浸信會的華人平信徒和牧者於 1889 年在廣州創辦培正書院，為培正中學之始，香港分校創於 1933 年。

[21] 在 1929 年創立的廣州大中中學因中日戰爭而在 1938 年在香港增設分校，並在翌年將正校遷至香港，另有分校在香港般咸道共和台。

（續上表）

學校	創辦年份	學校	創辦年份
協恩中學	1936	九龍塘學校（小學部）	1936
香港中學	1938	香島中學 [22]	1946
旺角勞工子弟學校 [23]	1947	聖羅撒學校	1948
紅磡勞工子弟學校	1948	九龍船塢紀念學校	1949
樂善堂小學	1949	耀山學校	1950
拔萃小學	1950		
其他創辦年份不詳的學校：			
九龍學校、建華學校、啟芳學校、廣東國民大學附中等			

（三）深水埗區

（表四）

學校	創辦年份	學校	創辦年份
英華書院	1818	南武中學 [24]	1904
興華中學 [25]	1922	德貞女子中學	1923
聖公會學校（現名聖公會聖多馬小學）	1924	知用中學 [26]	1924
南海石門中學 [27]	1932	崇真學校	1932
南方學院中小學部	1934	佩文學校	1934
香江中學	1935	中國兒童書院	1938
真中女子中學	1938	時代中學	1938
培志學校	1945	南華中學（現名天主教南華中學）	1946
深水埗勞工子弟學校	1947		

---

[22] 香島中學在 1946 年於九龍窩打老道 72 號創立；現址為九龍大坑東桃源街 33 號。

[23] 旺角勞工子弟學校在 1951 年遷至何文田校舍，2005 年改名為「勞工子弟中學」，2018 年更名為「創知中學」。

[24] 南武中學在 1904 年於廣州市河南海幢寺設立，至 1938 年廣州淪陷後在香港開設分校復課。

[25] 由廣州興華浸信自立會在 1922 年創辦，於 1938 年遷至香港。

[26] 廣州知用中學於 1924 年創辦，並在 1938 年於香港開設僑校。

[27] 南海石門中學於 1932 年成立校董會，次年招生開課，至 1938 年廣州淪陷後在香港復課。

（續上表）

其他創辦年份不詳的學校：
力羣學校、大華英文學校、中華小學、文成中學、文強學校、半島學校、民強學校、用明學校、立德學校、光華學校、明生中學、明志學校、明達學校、英才學校、高年學校、國風學校、國基學校、培新英文學校、強中中學、深水埔學校、策羣學校、萃文學校、超日學校、開明學校、新民學校、煥南學校、達齡英文學校、漢中學校、漢東學校、廣州實踐中學港校、興仁中學等

七、歷史專家訪問錄影

在編著本書的過程中，李子建教授亦訪問了多位學者和香港掌故專家，共同探究九龍區的歷史及教育發展歷程。讀者可使用手機掃描以下二維碼，觀看有關訪問的詳細錄影：

香港教育大學博文及社會科學學院

兼任客席講師梁操雅博士

訪問日期：2020 年 11 月 23 日

香港掌故專家鄭寶鴻先生

訪問日期：2020 年 11 月 26 日

香港地方志中心執行總編輯蔡思行博士

訪問日期：2020 年 12 月 17 日

九龍醫院　Kowloon Hospital
江啟明

第二章

九龍・學校・師生情

編著者 ↓ 李子建、鄭保瑛、鄧穎瑜、姚依彤、高彥靜

本章將概括介紹九龍，包括尖沙咀、油麻地、旺角、九龍城、紅磡、深水埗、黃大仙和觀塘各區的早期歷史。大體而言，九龍的發展以尖沙咀和油麻地最早，於 1900 年代已有不少建設，而紅磡的工業發展也很早，旺角和深水埗的發展則較後，約於 1920 至 30 年代才開始。教育方面，九龍部分的學校在當區創辦，另外一些則是由香港島甚至內地遷校至此。此外，編著者亦訪問了區內部分歷史悠久學校的師長和資深校友。他們的親身見聞，當可讓讀者更為了解這些學校近百年的發展歷程，以及二十世紀中期九龍各區的學校生活和社區面貌。

一、九龍概況

關於九龍的資料，早見於不同文獻。根據《油尖旺區風物志》記載，明朝萬曆年間（1573-1619）《粵大記》沿海圖中已經有記錄尖沙咀的位置。清朝嘉慶二十四年（1819）的《新安縣志》亦有尖沙頭村的記載，而清朝道光十九年（1839），欽差大臣林則徐亦曾向道光皇帝提及尖沙咀一帶的情況。

1860 年，清廷於第二次中英戰爭後被迫簽署《北京條約》，將界限街以南的九龍半島與九龍西面的昂船洲割讓予英國。「九龍」一名源於「以有由官富山西部南來之小山九」[1]，後來因發展需要，包括興建道路和住宅，九座小山才漸次移平。九龍名稱與九座山的關係也有其他說法。據香港掌故專家鄭寶鴻所述，從港島望向九龍，由深水埗的針山，到獅子山、慈雲山、大老山、飛鵝山等，九座山的起伏猶如九條龍，因而得名。

蘇子夏 1940 年所編的《香港地理：山海依舊風物在》[2]一書中，描述了早年九龍的地理概況。尖沙咀除了天星渡輪碼頭、九廣鐵路外，還有九龍貨倉；而當時九龍區的商業卻以油麻地上海街一帶最盛，工業則有紅磡的黃埔船塢、青洲英坭廠及發電廠、馬頭角的染織和印刷廠。九龍塘本為窪地，後來排乾積水、填平低地，建設成西式住宅區，風貌近似當時英國市郊。至於九龍的街道，以彌敦道和英皇子道（今天的太子道）最寬最長。九龍半島以外，九龍區還包括界限街以北的新九龍，即九龍塘、九龍城、深水埗和荔枝角四個地區。其時九龍城一帶有宋王臺、侯王廟等古蹟，以及九龍寨城和後來的啟德機場等。

1842 年《南京條約》簽訂後，香港島被割讓予英國，但首次拍賣土地卻於 1841 年在澳門進行，共售出數十幅土地。經過多年發展，香港島北部逐步飽和，港府便開始發展九龍半島。

---

[1] 蘇子夏編：《香港地理：山海依舊風物在》。香港：商務印書館，2015 年，下篇（續），地方志，中，頁 1。

[2] 由蘇子夏編撰的《香港地理：山海依舊風物在》在 1940 年出版，供香港中小學地理科作教學補充之用。

1930 年代初，太子道附近的房屋。
圖片來源：政府檔案處歷史檔案館

二、尖沙咀、油麻地、旺角

　　很少人知道原來尖沙咀對香港的歷史發展有深遠影響，那就是 1839
年發生在尖沙咀的「林維喜事件」。林維喜是尖沙咀村村民，當年與英國
人發生衝突後被殺，成為鴉片戰爭導火線之一，令中英雙方最終以戰爭解
決紛爭，香港也因而被英國強佔。尖沙咀本是一條鄉村，歷史學者張偉國
認為，位置約在加拿芬道、赫德道與康和里一帶，即今天 K11 購物藝術

館所在地。英國人佔據九龍半島後，隨即發展該區。鄭寶鴻、梁操雅及蔡思行均認為當中涉及軍事因素，因為尖沙咀位置甚具戰略性，既是外籍人士居住的花園城市，亦是重要的駐軍與防禦陣地，尤其防止大量華人湧往香港島。為此，政府要求當地原村居民遷往油麻地，並給予賠償，避免衝突。尖沙咀因而最少建設了兩座軍營，包括：槍會山軍營以及現時九龍公園所在的威菲路軍營。不過，由於九龍半島經濟價值甚高，最終只有三分之一土地用作軍事用途。早年，尖沙咀只限外籍人士居住。1904年，總督彌敦爵士（Sir Matthew Nathan）決定修築九廣鐵路，並預計落成後會有華人在尖沙咀往來，甚至居住，便將尖沙咀區解禁，只限制華人在山頂居住。自此，九龍開始發展，而九廣鐵路建成後，發展更為快速。值得一提的是，尖沙咀火車站連接內地的鐵路網絡，而內地的鐵路網絡則連接西伯利亞鐵路，西伯利亞鐵路更連接歐洲鐵路，可見當時尖沙咀火車站既是九廣鐵路香港段的總站，亦是歐、亞鐵路的亞洲總站。

油麻地是指榕樹頭天后廟周遭地區，即今天廟街和上海街一帶，當年與旺角、深水埗同為村落。油麻地原稱「官涌」。鴉片戰爭期間，林則徐曾在官涌山上興建炮台。1870年左右，該區稱為「麻地」，1875年（清光緒元年）已改名為「油麻地」，地名源於漁船所用的桐油及麻纜。該區可算是九龍最早建立的華人社區之一。鄭寶鴻指出，早期華人大多居於港島，不喜歡住在九龍；後來政府鼓勵華人遷居九龍，更於1861年，把原來居於尖沙咀村落的華人遷至油麻地。油麻地一帶本以漁業和修船工作為主，漸漸發展為市鎮。現時的上海街以前原在海邊，經1880和1900年代兩次填海後，海旁先移至新填地街，至1904年再伸延至渡船街。早期九龍最繁盛的街道就是上海街，初時稱為「差館街」，於1909年才易名為「上海街」；而彌敦道則較荒涼，因為當時由港島到九龍購物的人，都集中在上海街，回程便在佐敦道碼頭或坐落山東街的旺角碼頭乘船返家，而不會走到較遠的彌敦道，更很少到尖沙咀。尖沙咀直到1960年代都只屬遊客區。上海街早期還有一個別名，就是九龍的蘇杭街，因為那兒有很多販賣絲綢的商店和金舖。這些店舖主要是方便附近避風塘生活的水上人家購物。

約 1955 年，上海街與西貢街的交界。
圖片來源：鄭寶鴻先生

　　旺角最初屬於油麻地。1970 年代以前，旺角火車站（今旺角東站）就名為「油麻地火車站」。旺角至大角咀一帶本為鄉村，旺角是「芒角村」，而大角咀則是「福全鄉」。芒角村屬客家村落，位處今日弼街與通菜街、西洋菜街、花園街附近一帶。1909 年，香港政府在油麻地與芒角咀（或稱望角咀）一帶進行填海工程，並建立避風塘；1930 年代，芒角才改稱為「旺角」。早期旺角曾細分為兩個地段：「旺角咀」和「旺角」。旺角咀與大角

咀相連；現時櫻桃街位置在當時就像一隻手臂伸出海灣，形成的尖位（即現時滙豐中心位置）就是旺角咀。至於旺角就在現時西洋菜街的位置；早期西洋菜街在海邊，後來填海獲得更多土地。1940 年代，旺角有不少工廠，如：製煙廠、棉織廠和五金廠等；很多街名均與區內產業有關，例如：煙廠街、東方街[3]、西洋菜街、通菜街、花園街、黑布街、白布街、染布房街等，顧名思義。至於現屬九龍城區的何文田，則有墳地、醫局，還有與工業有關的火棚（九龍華仁書院現址）。

拔萃女書院

拔萃女書院（以下簡稱「女拔萃」）位於佐敦道 1 號，為香港歷史最悠久的女校之一。1860 年，英國聖公會來華傳教士施美夫會督夫人 Mrs. Lydia Smith 借用香港島雅彬彌臺（Albany Terrace）開設 "Diocesan Native Female Training School"，為女童提供教育。1863 年，學校遷址至般咸道新校舍。

辦學初期，學校校名和學制曾有多次變動。1866 年，學校改名為 "Diocesan Female School"，學生為歐裔、混血及華人女童，可惜因資金問題而關閉。學校原址其後改為 "Diocesan Home and Orphanage"（又稱日字樓孤子院），招收歐裔、歐亞混血及華人男女學生，擴大生源。惟自 1879 年始，停止招收女宿生。1892 年，學校正式轉為男校，並改稱為 "Diocesan School and Orphanage"，女學生則獲安排至飛利女校（Fairlea Girls' School）就讀。

1899 年，"Diocesan Girls' School and Orphanage" 在般咸道 Rose Villa 正式成立，主要錄取歐亞混血及歐裔女學生，翌年更名為 "Diocesan Girls' School"，並成為補助學校。1913 年，因校舍不敷應用，學校遷址

---

[3] 東方街以東方煙廠命名。

至佐敦道 1 號。1920 年代，學校開始招收華人女學生，並以 "Daily Giving Service"（後譯作「勵志揚善」）作為校訓，鼓勵學生積極參與社會服務。該校於 2005 年轉型為直資學校。

為提供優良的學習環境，女拔萃於 1990 年代展開擴建計劃，興建新大樓，又於 2009 年啟動大型重建計劃。新校舍於 2011 年正式啟用。

女拔萃的學生在學術上固然有卓越表現，而音樂和體育方面亦有傑出成就。學校歷年培育出的女性精英和社會領袖，不計其數。

1959 年女拔萃校舍與現今校舍俯視圖。

圖片來源：拔萃女書院、香港教育大學香港教育博物館

左起：黎翠珍教授、劉靳麗娟校長、
譚凱琳小姐、李子建教授

受訪者	▤ 黎翠珍教授，1958 年於拔萃女書院畢業，曾執教於香港大學英文系和浸會大學數十年。香港浸會大學文學院榮休教授。2009 年獲頒發第 18 屆香港舞台劇獎 「銀禧紀念獎 —— 傑出翻譯獎」，2023 年獲頒第 31 屆香港舞台劇獎「終身成就獎」。
	▤ 譚凱琳小姐，2016 年於拔萃女書院畢業，香港女子游泳運動員，曾代表香港於亞運會出賽，累計獲 1 銀 4 銅，另外也參與過奧運、世界游泳錦標賽、短池游泳世錦賽等大賽。
	▤ 劉靳麗娟女士，1974 年於拔萃女書院畢業，拔萃女書院校長，2006 年獲委任太平紳士，2010 年及 2017 年分別獲香港城市大學及香港理工大學頒授榮譽院士，2017 年獲香港特別行政區政府授勳銀紫荊星章。
訪問者	▤ 李子建教授
訪問日期	▤ 2023 年 10 月 20 日

▤ 請使用手機掃描此二維碼，觀看本節訪問的詳細錄影。

結伴同行的情誼

同窗好友能夠結伴同行，感覺分外溫馨。黎翠珍教授 1951 年入讀女拔萃，當年不少同學原來跟她一樣，住在港島跑馬地。那時沒有過海隧道，她們每天要先坐巴士到中環碼頭，轉乘天星小輪渡海到九龍尖沙咀，再坐 10 號巴士，才能返抵學校。雖然路途遙遠，交通不便，大家仍是相當享受旅途聊天。黎教授笑説，當年校長西門士夫人（Dr. C.J. Symons）也家住港島，往往和她們乘搭同一班船返校。大家在校長面前當然會特別端莊，她有時也會和校長聊天。劉靳麗娟校長則於 1967 年入讀女拔萃，當年居於尖沙咀，與母校近在咫尺，卻因為羨慕同學可以一起乘車乘船上學，反而從老家跑去尖沙咀天星碼頭巴士總站，和同學坐巴士上學。

溫暖體恤　盡在不言中

想起從前的午膳時光，味蕾的記憶又回來了。資深校友津津樂道的，是一群女生去餐館大快朵頤的往事。很多家住九龍的同學都回家吃午飯，但是有些家住香港的同學都去餐廳和菜館。黎教授清楚記得，九龍飯店和雪園各中菜館的精緻小菜，至今仍回味無窮。車厘哥夫大飯店、太平館餐廳、ABC 飯店（中文叫「愛皮西」），一間間典雅高檔的西餐廳，也是大家最愛流連的地方。不過，黎教授最難忘的，是在 1950 年代已經引進即食麵的「百吉」。他們有兩種即食麵，一種是類似現在用開水泡的，另一種卻是像一條條幼直的麵條，一把麵條插進咖啡杯，然後倒入熱水和辣椒粉，味道相當不錯。

話雖如此，劉校長指女拔萃一向接納不同家庭背景的學生。當年部分同學或因經濟困難，未能負擔午膳費用。校長西門士夫人卻非常貼心，在烹飪室準備麵條，並對學生説，如有需要，可隨時入內自行烹煮，不需事先申請，只要用膳後把用具和餐具清洗就可以；麵條食完了，校方總會馬上補充。西門士夫人這種不張揚的體貼，令劉校長深受啟發。事實上，

1928 年，女拔萃在校園興建了一所具有希臘式建築特色的有蓋操場，供學生進行各項活動。
照片攝於 1929 年。

圖片來源：拔萃女書院

黎教授亦親身感受過校方的溫暖體恤。當年她家中遭逢變故，一度考慮輟學，幸得西門士夫人挽留和照顧，才得以繼續升學。西門士夫人還安排她與宿生共進午餐，並周到地安排曾擔任學生會會長的她坐在首席，引導同學們觀察和學習按着餐桌禮儀優雅地用餐。母校這些低調得體的安排，她至今仍衷心感激。

自主進取　盡情探索個人潛能

女拔萃以提供全人教育見稱，其「五大支柱」包括：學業、體育、藝術、社會服務和靈性栽培。劉校長指出，現時該校有 60 多個學會，希望藉着提供各類資源，讓學生發揮所長。

女拔萃開放自由的校風是該校成功培育各界人才的一大要訣。在香港文學界和表演藝術界成就卓越的黎教授，就是在學時接觸了話劇藝術，

慢慢培養出濃厚的興趣。學校每年的班際戲劇比賽，黎教授負責布景設計
工作，先後畫過科林斯圓柱、古鋼琴和中古城堡。由於從未見過這類古建
築，她特地到英國文化協會圖書館做資料搜集，以完成老師託付的任務。
這種自主學習讓她潛移默化地吸收不同範疇的知識。她又記得，西門士夫
人曾在拆卸舊禮堂前，委派她負責裝飾設計工作，卻沒有親自指導，只提
供財政支援，讓她自行探索。黎教授認為，正因為校方給予很大的自由度
和空間，沒有過多干涉，更從不責罵，才可以讓學生提升自己的期望目
標，放膽嘗試，完成各項挑戰。

　　譚凱琳小姐現為香港游泳代表隊成員，在女拔萃就讀的六年間，一
直在香港體育學院接受訓練。她每天早上五時半起床習泳，到七時多才上
學；午膳時偶爾還要指導年紀較輕的校隊成員練習，下課後又要回體院習
泳。相對硬性地規劃日程表，她認為更重要的，是訂立清晰目標，嚴謹自
律，才能靈活地做好時間管理，按着優次處理事情。

昔日校舍入口。門前的洋蒲桃樹至今仍屹立在此，見證一代代女拔萃學生的
成長。照片攝於 1950 年代。

圖片來源：拔萃女書院

學生時代之劉靳麗娟校長（左）從校長 Ms. E.M.
Gibbins 手上接過畢業證書。照片攝於 1972 年。
圖片來源：劉靳麗娟校長

拔萃女書院 140 周年校慶暨畢業典禮上，時任董
會主席蘇以葆主教（左四）與拔萃女書院與拔萃女
小學數位歷任校長合照。左二為劉靳麗娟校長，左
三為西門士夫人。照片攝於 2000 年。
圖片來源：拔萃女書院

自愛與自立　女拔萃的獨特品格

　　提到女拔萃學生的特質，譚小姐率先想到出色的領導才能和獨立的個性。劉校長則認為，女拔萃教育最珍貴的是教曉學生自愛、珍惜自己和肯定自我價值。她說，比起要求學生取得傑出成就，女拔萃更重視如何讓學生認清目標，學會自立。學生若懂得安然自處，打理自己，任何事情自能辦得妥貼穩當。黎教授則認為，母校讓她們明白做人的方法和態度，就如西門士夫人當年教導學生應要擔當以下角色：從容謙讓的交談者（relaxed conversationalist）、理清詞銳的辯論者（trenchant debater）、耐心的聆聽者（patient listener）和有自知之明的人（somebody who knows herself）。這些教誨，許多同學至今仍銘記心中。

從教育到服務的旅程

　　女拔萃一直以 "Daily Giving Service" 作為校訓，回歸後翻譯為「勵志揚善」，鼓勵學生服務社會。在學校的推動下，一眾校友在學時已積極

參與社會服務,例如在尚未推行普及教育的 1950 年代,黎教授的學姐們便引領同學藉着學校的兒童會(Boys' and Girls' Club),為失學的兒童提供小二至小五教育,志願的同學課後留校開班,親自教學,後來更與同窗們募集資金,協助他們升讀大同中學附屬小學六年級。劉校長說,現在兒童都有書讀,學校會為中二學生提供必修訓練,教導她們服務不同群體,包括失明人士、精神病患者、兒童和長者等。承傳了女拔萃勵志揚善的精神,譚小姐希望退役後能成為專業物理治療師,以另一種方式服務市民。劉校長寄望,女拔萃的學生將來都能成為服務社會的世界公民,為此時此刻以至將來的社會作出貢獻。

拔萃男書院

拔萃男書院(以下簡稱「男拔萃」)位於旺角亞皆老街,是香港聖公會東九龍教區所辦的一所男校,創立於 1869 年。當時名為「日字樓孤子院」(Diocesan Home and Orphanage),位於港島西營盤般咸道,學生主要為歐亞混血孤兒。1878 年,學校獲教育司署納入為補助學校,其後停止招收女宿生。1892 年,學校易名為 "Diocesan School and Orphanage",又稱為「拔萃書室」。「拔萃」一名,一般認為是校長俾士(George Piercy)的音譯。1902 年改稱「拔萃男書室」(Diocesan Boys' School and Orphanage),1920 年代後,再易名為現時的「拔萃男書院」(Diocesan Boys' School),並於 1928 年遷至亞皆老街新校舍。

1955 年,校長施玉麒牧師(Rev. Canon George Samuel Zimmern)在校內進行多方面改革,積極招收中下階層學生,並加強中華文化教育。2003 年,拔萃男書院正式由補助中學轉為直資中學。

拔萃男書院為香港傳統名校,學生在學術、體育和音樂方面均表現出色;香港各界更不乏知名校友。

馮以浤先生（左）及
李子建教授

受訪者	▪ 馮以浤先生，1957 年於拔萃男書院畢業。曾擔任男拔萃運動主任、港大明原堂舍監及中大課程與教學學系主任，一生從事教育工作，著作等身。
訪問者	▪ 李子建教授
訪問日期	▪ 2020 年 11 月 20 日

▪ 請使用手機掃描此二維碼，觀看本節訪問的詳細錄影。

遷校重重波折

馮以浤先生縷述男拔萃當年遷校情況。1918 年，費瑟士東牧師（Rev. William Thornton Featherstone）接任為第三任校長，校舍仍在般咸道；惟因校舍飽和，需覓地發展。時值 1920 年代，正是九龍太子道開發時期，費瑟士東牧師看中那兒一片山頭，決定將學校遷至九龍，並計劃出售般咸道校舍作新校舍建築費用。誰料籌建新校舍期間，先後經歷了省港大罷

拔萃男書院位於彌敦道的臨時校舍。

圖片來源：政府檔案處歷史檔案館

工、般咸道校舍買家放棄交易、建校捐款人臨陣退縮，以及新校舍給英軍徵用為臨時醫院等事故，幸而最後有驚無險。[4] 1928 年，男拔萃正式遷入新校舍。當年男拔萃擁有全港最大的校園（現已讓位給赤柱聖士提反書院）；1957 年上映的電影《曼波女郎》也曾在男拔萃校園取景。

---

[4]   在學校難以支付建築新校舍費用時，建築商林護繼續工程，容許學校日後慢慢歸還。詳情
     參考陳慕華：〈林護：孫中山背後的香港建築商〉，《灼見名家》，2017 年 4 月 26 日。取自
     https://www.master-insight.com/林護：孫中山背後的香港建築商 /

學校生活二三事

馮先生幼時住在通菜街，1946 至 1948 年間就讀德明中學附屬小學。德明小學坐落男拔萃校園山腳，位處亞皆老街火車橋旁。小學畢業後，馮先生以備取生資格入讀男拔萃第八班[5]，當時學費為每月 19 元；中六時學費則為每月 46 元。由於家庭經濟欠佳，中六時學校免除了他的學費。

馮先生回想當年男拔萃有女生入讀。與他一起編寫男拔萃校史一書的陳慕華教授，便是那時候的「男校女生」。陳教授中五開始在男拔萃修讀物理和化學，她班上的座位就在馮先生前面；可是二人雖同班三年卻沒有交談半句，直至 30 多年後偶然再遇才熟絡起來，並於 2009 年合著 *To Serve and To Lead: A History of the Diocesan Boys' School, Hong Kong* 一書。

馮先生強調，男拔萃除運動外，對音樂教育的發展也有傑出貢獻。1939 至 1940 年間，校長葛賓（Gerald Archer Goodban）[6] 與幾位天主教學校校長一起創立「香港學校音樂協會」。學生只需繳交些微會費（1950 年代是每年二元），便可以出席協會主辦的音樂會了。當年的音樂會，九龍區主要在男拔萃舉行，香港區則在香港大學舉行。

學校附近的社區

70 多年前，旺角地標是磚紅色的旺角警署，樓高兩層，環繞着它的是旺角道、彌敦道、快富街和西洋菜街。彌敦道斜對面有一間 ABC（愛皮西）飯店，快富街旁是邵氏大廈和一些商業樓宇：後者街舖有齡記書店，樓上有《中國學生周報》、友聯出版社的門市部等。書店斜對面在 1940 年代是個溜冰場，拆卸後改建成百老匯戲院和美國新聞處圖書館[7]。後者面向彌敦道。

---

[5] 早年的英文學校採用八年制，最低為第八班，最高則為第一班，第八班相當於小學五年級。

[6] 葛賓先生是拔萃男書院第五任校長，1938 至 1941 及 1946 至 1955 年在任。

[7] 美國新聞處圖書館是 1950、60 年代學生常到的地方。

拔萃男書院位於亞皆老街的校舍，攝於 1926 年 12 月。
圖片來源：政府檔案處歷史檔案館

拔萃男書院合唱團成立於 1960 年代；曾分別與拔萃女書院及協恩中學組成兩團混
聲合唱團，彼此合作無間。圖為 1966 年拔萃男書院和拔萃女書院聯合演出。
圖片來源：拔萃男書院

馮先生上學時喜歡路經洗衣街，當時這條街的東面是花圃，現為伊利沙伯中
學。1950 年左右，半條洗衣街西面和弼街北面都有露宿者，但他們不是貧無
立錐之所，只是暫未找到住所而已。通菜街和花園街一帶，有三數間店舖出
租單車，也有一些舊書店出租小說；而位於花園街的路邊攤檔，亦有公仔書

租借。當年亞皆老街南面和太平道是學校區，馮先生記得那兒有兩所很有名氣的中文中學：一所是南華中學，在德明小學對面；另一所是鄰近南華中學的陶秀女子中學。此外，窩打老道一帶還有培正中學；而華仁書院當年位於通菜街與奶路臣街交界。1950 年代，華仁遷至窩打老道[8]後，德仁書院則在其原址開辦[9]，後來才遷往荔枝角。

嘉諾撒聖瑪利書院及嘉諾撒聖瑪利學校

嘉諾撒聖瑪利書院（中學）及嘉諾撒聖瑪利學校（小學）位於尖沙咀柯士甸道。1859 年，香港天主教宗座監牧區有鑑於當時香港缺乏女子學校，便請求意大利嘉諾撒仁愛女修會（以下簡稱「嘉諾撒修會」）派員來港辦學，推廣女子教育。1860 年，六名意大利修女作先鋒，從威尼斯乘船來港，於港島先後成立培貞學校（嘉諾撒聖心學校前身）、女童學校（後稱聖方濟各書院）等。

聖瑪利學校於 1900 年創辦時，只有兩間課室，學生 30 多名（1941 年時已增至逾千人）。學校初期兼收男女生，1940 年後才逐漸轉為女校。二戰時期，學校停學四年，其間修女們利用校舍收容難民，至 1946 年始復課。

學校先後開辦幼稚園、小學部及中學部；初期為英文學校，後來分設有中、英文部。1960 年代末至 1970 年代初，修女們亦開設了女子夜校，幫助失學的在職女青少年完成學業。1960 年，聖瑪利學校改稱「嘉諾撒聖瑪利書院」，小學部則稱為「嘉諾撒聖瑪利書院小學部」；小學部其後於 1981 年再易名為「嘉諾撒聖瑪利學校」，中小學部行政各自獨立。2011 年起，中小學實施「一條龍」升學模式，法團校董會亦於 2013 年成立。

---

[8]　九龍華仁書院校舍最初在砵蘭街，1928 年搬往奶路臣街，1952 年遷至現址。

[9]　德仁書院創辦人為九龍華仁書院前校長林海瀾，該校於 2006 年停辦。

左起：李子建教授、葉玉如教授、
陳心意修女、蔡淑嫻女士、黃慧珍
校長

受訪者	■ 葉玉如教授，1974 年於嘉諾撒聖瑪利書院畢業，國際知名分子神經生物學家，香港科技大學副校長（研究及發展）及晨興生命科學教授及分子神經科學國家重點實驗室主任。
	■ 蔡淑嫻女士，1981 年於嘉諾撒聖瑪利書院畢業，創新及科技局常任秘書長。
	■ 陳心意修女，嘉諾撒聖瑪利書院校監。
	■ 黃慧珍女士，嘉諾撒聖瑪利書院校長。
訪問者	■ 李子建教授
訪問日期	■ 2020 年 12 月 29 日

■ 請使用手機掃描此二維碼，觀看本節訪問的詳細錄影。

與校結緣

　　各受訪者與嘉諾撒聖瑪利書院（以下簡稱「聖瑪利」）和嘉諾撒修會學校淵源極深。蔡淑嫻女士 1968 年入讀聖瑪利小學一年級，一直唸至中七；女兒也是聖瑪利校友。葉玉如教授 1961 年入讀聖瑪利小一，也是中七

畢業後才出國升學；她的四位姊姊亦
全在聖瑪利唸書。黃慧珍校長雖非
聖瑪利校友，但母親和女兒三代都
是嘉諾撒修會學校的學生。陳心意
修女也是「嘉諾撒人」，先在聖心求
學，然後在不同的修會屬校服務，
在聖瑪利服務亦已 28 年。

回顧歷史

十九世紀末，聖瑪利位處的地
段仍是臨海的鄉郊地方。省會長覺
得那兒可讓修女和生病的孤兒遠離
市區，更可以隨時游泳，對健康大
有幫助，便於 1886 年買下該地段，
作療養院之用。1900 年，修會利用
部分地方成立「聖瑪利學校」，可說
是今天聖瑪利的濫觴。創校時只有

葉玉如教授學生時代照片。前排左一為葉教授。
圖片來源：葉玉如教授

20 名葡籍學生，其後陸續加入其他非華裔學生，至 1920 年代末開始取錄
華人學生。學校初期的老師大多是修女，即使到了 1990 年代，每一級仍
由一位修女照顧。學生除了班主任外，亦有該主任修女照顧其靈修成長或
其他方面的需要，包括助學金和各類津貼等事宜，讓學生專注學業，因此
關係十分密切。

亦要成為一位「好母親」

陳修女說，嘉諾撒修會各學校有一個相同的理念，就是「仁愛」和
「謙遜」。陳修女稱會祖聖瑪大肋納嘉諾撒於十九世紀初創立修會時，女孩

子接受教育機會不多，因此她除了關注無家可歸的孤兒外，亦希望培育女孩子具備知識，讓她們可以獨立生活。另外，女孩子長大後亦要成為好母親，才可以把天主的仁愛代代相傳下去。早年的聖瑪利又曾設立「三點鐘學校」，是正規學生放學後所開辦的義學，由高年級教友同學充當老師，給家境清貧的女孩提供基本教育至小學畢業，直至九年免費教育實施後才停辦。

聖瑪利的戲劇傳統

黃校長認為聖瑪利學生的語文水平很高，戲劇更令她們引以為榮，無論台前幕後全是學生負責和創作的。同學的原創劇本能呈現創意和批判思維，帶動觀眾一起思考一些議題。每年新舊聖瑪利人都會密切關注學校網站何時公開發售門票，好趁周年戲劇公演的機會，聚首一堂。

聖瑪利的戲劇歷史悠久，1907 年學校文獻已有記載；1917 年的報章也刊登了聖瑪利學生穿着戲服的大合照。每年的班際和級際戲劇比賽延續不斷，是該校一個歷經百載的傳統。葉教授和蔡女士唸書時均有參與戲劇活動，前者參與台前演出，後者則喜歡編導工作。到了 1980 年代，被學生稱為「老闆」的英籍老師 Mr. Geoffrey Oliver 更大力發展這方面的工作，以全校每年公演一齣大型戲劇，取代以往的比賽。戲劇的製作過程不易，除了劇本、曲詞配樂和舞蹈編排，還有布景、道具、化妝、音響、特別效果等要兼顧，演出時更可能出現各種突發問題。曾經有一次，有演員於公演期間突然失聲，大家必須立刻尋找解決方案，最後以幕後代唱與演員「夾咀形」，一週公演遂可繼續。戲劇需要在有限的時間和空間表達相關的感情和重點，本已是一種難度很高的挑戰，再加上每年都有逾百位同學參與，藉此學懂團隊合作，互諒互讓，更能提升對學校的歸屬感。

中華基督教會協和小學及中華基督教會協和小學（長沙灣）

中華基督教會協和小學（以下簡稱「協和」）位於旺角太子道西，學校起源可追溯至 1911 年。當時，美國幼兒教育家碧盧夫人在廣州西關，創辦一所專為培訓幼兒教育師資的「慈愛保姆傳習所」。其後多個教會先後加入，合力擴充，並以「協和」為校名。

1947 年，廣州協和學校廖奉靈校長與施禮常傳教士來港，籌備香港設校。1948 年，學校獲教育司署批准註冊，成為一所全日制私校，共有小學及幼稚園學生 50 多人。

1956 年，學校獲得美國聯合長老會四萬美元捐款，購得西洋菜街 231 號兩層高樓宇作校舍。1960 年，由於地方不敷應用，小學部遷入太子道新校舍上課。1969 年，學校轉為政府津貼小學，並分為上、下午校。1970 年，第二校舍落成，同年創辦的協和書院暫借協和小學校舍開辦中學一、二年級。

1980 年代至 2000 年間，該校上、下午校各開設 36 班，學生約有 3,000 人，為當時全港於同一校舍內班數最多的學校。2011 年，學校轉為全日制授課。上午校遷至長沙灣東京街校舍，並易名為「中華基督教會協和小學（長沙灣）」；下午校則繼續在太子道校舍上課，名為「中華基督教會協和小學」。

1974 年協和小學下午校畢業學生及老師合照。第三排左起第 14 位為演藝界名人周星馳先生。
圖片來源：陳樹樑博士

左起：彭梁慧瑜女士、余煊博士、
鄭保瑛博士、李子建教授、簡燕
玲校長、岑柳慶女士

受訪者	▆ 彭梁慧瑜女士，1962 年於中華基督教會協和小學畢業，中學時擔任協和小學校友會主席，在十多歲時已為協和幼稚園校董，中華基督教會協和幼稚園校監。
	▆ 岑柳慶女士，1973 年於中華基督教會協和小學畢業，中華基督教會協和小學校友會常務委員會司庫及協和幼稚園校董。
	▆ 簡燕玲女士，中華基督教會協和小學校長。
	▆ 陳國源先生，1989 年開始在中華基督教會協和小學上午校（現中華基督教會協和小學（長沙灣））任教，為該校副校長。
	▆ 余煊博士，1970 至 1976 年在中華基督教會協和小學下午校任教，1989 至 1992 年出任該校校長，曾任中華基督教會香港區會學務總監，以及多間中小學校監及校董。
訪問者	▆ 李子建教授
訪問日期	▆ 2020 年 12 月 10 日

▆ 請使用手機掃描此二維碼，觀看本節訪問的詳細錄影。

協和創校歷史

彭梁慧瑜女士表示,目前香港四所協和學校,包括:一所幼稚園、兩所小學和一所中學,同是源自幼稚園師範,即美國傳教士碧盧夫人在廣州創立的慈愛保姆傳習所。1935 年,傳習所開辦的高級中學正式改名為「私立協和女子中學校」,取其「協和萬邦」之意。余煊博士補充説,「協和」是 "union" 的意思。又根據協和校史,碧盧夫人和真光書院那夏理女士,將原來的真光師範班和慈愛幼師合併,取名「協和」,因此協和與真光亦甚有淵源。彭太認為廣州協和辦學團體目光遠大,1947 年時已明白學校需要開枝散葉。不過,當年協和在香港開設分校並非一帆風順,其中祖校廣州協和在 1952 年申請向政府獻校,令香港協和分校失去支持,需要依靠學費收入維持營運。初期,數間來華傳道的教會一起支持香港協和,最後由中華基督教會香港區會擔承辦學團體責任。

新舊校舍

岑柳慶女士憶述在西洋菜街上課情況。當時,校舍樓高兩層,她在低層唸幼稚園,沒有機會跑到上層,因而覺得很神秘。太子道第二校舍在她三年級時才落成啟用。當時的校長、老師幾乎全是新入職的,余博士也是其中一位。

余博士表示,他和潘啟晞校長都是中華基督教會香港區會堂會的青年領袖。當年,汪彼得牧師 [10] 提拔了數位青年人擔任校長,潘啟晞校長便是其中之一。潘校長邀請余博士幫忙,在柏立基教育學院物色表現傑出的同學到協和任教。1970 年 9 月,設有 24 間課室的太子道第二校舍投入運作。潘啟晞校長成為下午校首任校長。

岑女士留意到,當年太子道校舍對面的一列唐樓至今仍然保留,當時

---

[10] 汪彼得牧師在 1970-1983 年出任協和小學校監。

那兒有數間知名的餐廳，如：雄雞 [11]、愛丁堡 [12] 等。余博士也打趣説，由於校舍鄰近旺角火車站，就算同學們打瞌睡，火車經過的聲音及豬隻的臊味肯定會喚醒他們。彭太説當年伊利沙伯中學的山坡種滿植物，還有游泳池和足球場；這片山頭後來開闢成為新世紀廣場，而現在花墟的位置當年全是店舖。

　　陳國源副校長解釋了協和小學分開為兩校的原因。當年全港小學還實施半日制的時候，協和小學上下午校共有 72 班，校園非常擠迫，尤其上下午班交接的時間。由於全日制的教學模式更適合學生發展，學校便向政府爭取多一所校舍，以發展全日制教學；終於獲分配了現時長沙灣的校舍，作上午校遷校之用，並改稱「中華基督教會協和小學（長沙灣）」；而下午校則沿用太子道校舍，並以「中華基督教會協和小學」為校名。

1950、60 年代的老師與學生

　　1950、60 年代，協和的學生來自四面八方，不少人更是慕名而來。彭太其中一位同學住在上水，每天要乘搭火車上學。而據另一位校友詹愛蓮女士 [13] 提供，協和小學 1961 至 62 年度全日制學費約每月 20 多元，而公立小學學費每月只是二元四角至三元六角，可算十分昂貴。

　　彭太憶述崔瑤芝校長提過的一樁逸事。當年一位同學感到課堂無聊，留下字條在書桌抽屜內便不知所終。崔校長收到報告後，急忙四處找他，卻遍尋不獲。一節課後，那位同學自行現身，並説他早已留言：「茲因悶極，請假一堂。」那位同學便是大名鼎鼎的吳宇森導演，原來他整節課只是在躲學校後樓梯間沉思。

---

[11]　早年出售俄國菜的餐廳之一，大多由山東人經營。受訪者所指的位置在太子道。

[12]　據昔日的報紙廣告，愛丁堡餐室位於太子道 210 號，火車橋側。

[13]　訪問結束後，受訪者彭太向詹愛蓮校友查詢 1960 年代的學費價錢，並告訴編者，以作補充。

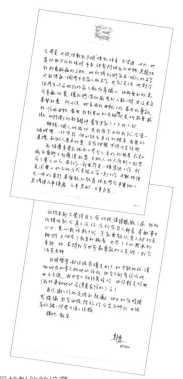

著名導演吳宇森先生是協和小學校友，曾於 2004 年致函感謝母校對他的培育。
圖片來源：中華基督教會協和小學

校歌與校徽

　　陳副校長表示，校歌也是香港協和的特色。在中華基督教會屬校中，唯獨協和擁有自己的校歌。校歌旋律已有逾百年的歷史，源於廣州協和，但歌詞不同。歌詞提到協和的淵源和辦學精神，以及寄望學生能「為神為人為國，求善求美求真」。他體會最深刻的是「協力和衷」的精神。余博士也說校歌中「協力和衷，相愛相親」，就是協和的文化。另外，校徽的圖案是一盞油燈，油燈上燃點着小小火焰，藉以鼓勵學生發光發熱。

九龍華仁書院

　　華仁書院最初設址於香港島中環荷李活道 60 號，由徐仁壽先生於
1919 年創辦，旨為華人男童提供中學教育。校名中的「華」字意指徐先生
的故鄉：廣東五華，而「仁」字則取自其名字。

　　鑑於學生人數不斷增加，以及華人子弟失學者眾，徐先生遂於 1924
年 11 月在九龍砵蘭街 70 號一幢唐樓內設立分校，即九龍華仁書院前身，
首屆學生共 24 人。1928 年，九龍分校遷至奶路臣街的自建校舍，並成為
政府補助學校之一。

　　1933 年，九龍華仁書院（以下簡稱「九龍華仁」）正式由分校發展為
獨立的華人男校，校譽日隆。第二次世界大戰期間，學校因香港淪陷而停
課。戰後，九龍華仁復課，並於 1946 年交由愛爾蘭耶穌會接辦；同年覓得
何文田山道 15 號擬建新校舍，惟最終因軍部興建宿舍計劃及業主反悔而
告吹。

　　其後，政府撥出窩打老道 56 號予九龍華仁作為校舍新址。該處時稱
「火棚」，本為農民向政府租用作晾曬染料、豆豉和布料等用地，附近一帶
為墳場。1952 年，九龍華仁正式遷入位於窩打老道現址。校舍屹立於小山
丘上，着重空間利用、自然採光及通風效果，別具特色。至於設有傾斜地
台的禮堂則於 1955 年啟用，而外牆鋪滿十字和圓形通風孔的聖依納爵堂
亦於 1959 年落成。

　　成立近百載的九龍華仁一向重視學生的全人發展，無論學業、體藝均
表現出眾。該校亦着重信仰的培育：盾型的校徽象徵「保護」，表達基督
對世人的愛；而校訓「據此徽號，汝可得勝」，則冀望學生以「愛」克服
所有困難。

左起：鄧穎瑜女士、蔡惠海
先生、李子建教授、周子詩
校長、郭少棠教授

受訪者	■ 郭少棠教授，1967 年於九龍華仁書院畢業，曾任香港中文大學歷史系教授、香港中文大學文學院院長、北京師範大學——香港浸會大學聯合國際學院常務副校長。
	■ 蔡惠海先生，1980 年於九龍華仁書院畢業，1994 至 2020 年於母校先後任教中英語文及中史等科目。
	■ 周子詩女士，九龍華仁書院校長。
訪問者	■ 李子建教授
訪問日期	■ 2023 年 10 月 19 日

■ 請使用手機掃描此二維碼，觀看本節訪問的詳細錄影。

師恩在心頭

　　郭少棠教授家有五兄弟，其中四人均就讀九龍華仁，對 1950、60 年代母校的情況因而十分了解。郭教授於 1959 年入讀九龍華仁小學六年級，一直升讀至中七預科畢業。求學時期，他不僅擔任足球校隊隊長、學

1960 年代初校舍鳥瞰圖；前方為 1959 年落成啟用的聖依納爵堂。
圖片來源：九龍華仁書院

1955-1956 年，學生在禮堂考試。
圖片來源：九龍華仁書院

九龍華仁學生會主辦的《華仁學報》創刊號，
記錄了郭少棠教授回顧學生會的成立經過。
圖片來源：九龍華仁書院

生報編輯等，更是九龍華仁第一屆學生會主席。在多年後的今天，郭教授仍奉獻心力，參與母校一百周年的口述歷史研究和編纂工作，箇中情誼之深厚，不言而喻。

蔡惠海先生與九龍華仁亦甚有淵源。1973 年，他入讀九龍華仁中一，1980 年預科畢業。蔡先生先後在羅富國教育學院和香港中文大學進修；執教數年後決定轉行，嘗試在其他領域工作。後來一次機緣巧合，應恩師江紹德老師之邀，返回母校任代課老師；隨後獲蘇中平校長聘請留任；結果，在母校服務了 26 年；2020 年榮休。

兼容並蓄　與人同行

提及母校的辦學理念，以及神父和校長對學生的影響，兩位校友同樣感受至深。郭教授談到學校早年成立的貧童會（Poor Boys' Club），以熱心服事街童為旨，在校內舉辦不少活動和課程，還曾在餐廳招待他們呢！他認為，九龍華仁校風簡樸，又很開放、包容，締造了許多空間讓學生自由發展。他回想當年曾計劃到澳洲攻讀醫科，卻因身在彼邦的兄長突然去世，無奈被逼放棄。想不到校長不僅親自安慰他，還特別為了他一個學生，開辦母校原來沒有的中五文科班，並加設英國文學一科，讓郭教授得以留港升學，陪伴父母，並可選讀心儀科目。此路一通，隨後更有十多位同學選修英國文學。

在郭教授和蔡先生記憶中，九龍華仁的神父和老師博學多才、興趣廣泛。他們有的懂得駕駛飛機、有的為博物館修補文物、有的以英語粵劇為校籌款、有的轉去大學任教、有的成立環保組織，更曾有七位老師一起跑去學針灸。當年蘇校長曾跟蔡先生說：「我喜歡聘請一些不同類型的老師，讓同學去適應。」這種教育理念令他欽佩不已。蔡先生亦難以忘懷：在放學時看到很多老師下課後仍留在校園擔任課外活動導師；他原先並不明白為甚麼有些神父、修士總愛四處徘徊，後來才知道原來是在找機會跟學生聊天，關心學生的需要。種種付出，令他非常感動。蔡先生返回母校

1950 年代，郭樂賢神父（Rev. Fr. John Collins, S.J.）帶領小學六年級生合唱。
圖片來源：九龍華仁書院

任教，有些神父、老師仍然關心他，不斷給他鼓勵。蔡先生説：「我很慶
幸我的黃金歲月在這裏度過，真的不枉此生！」

　　周子詩校長指出，校方接納每一位學生，深信每人均有各自的才能。
此外，神父和老師亦非常期望與學生建立互信的關係。她回想剛入職時，
神父特地帶同一批老師，前往學生經常跑去玩樂和休息的京士柏公園，並
請老師們一起尋找預先收藏起來的香蕉。大家起初還摸不着頭腦，後來才
明白，活動設計的原理是：「要參與者多留意靜態，去找、去看」，希望啟
發老師於教學時，能更主動地留意和了解學生的潛能、需要和發展。

華仁精神成就美好品德

　　學校的悉心栽培，陶造了九龍華仁學生純樸、友善和樂意與人同行的
品格。他們不僅樂於幫助同輩，更體恤師長的需要。蔡先生任教期間曾經
失聲，為免麻煩同事代課和影響學生學習進度，他決定化身「啞老師」繼

續授課。他説:「當時我先把重點列寫於白板上,再用手勢和動作盡量講解。學生都很合作,還互相提點呢!」這段期間,學生不時向他問安,禮貌更佳。蔡先生康復後,一開聲,學生更鼓掌歡呼!

　　郭教授十分欣賞同學間的融和關係。儘管大家的家庭背景、學業成績、興趣、才能,以至價值觀,各有不同,卻依然能彼此尊重,互相包容,溝通無間。郭教授認為,正因母校給予自由的空間,讓學生發揮所長,從而培養出無限創意和自發性。郭教授記得,中六時獲委任為領袖生後,即主動向校方建議組織學生會,竟獲校方全力支持。只消三個月,首屆學生會便宣告成立,發展方向亦讓學生自行決定。他們還創辦了首份學生報 ——《華仁學報》。周校長補充説,時至今日,九龍華仁的學生都願意各抒己見,更把握學習機會,積極參加不同類型的課外活動。

聖依納爵堂今貌。
圖片來源:香港教育大學香港教育博物館

驟看今昔校園軼聞

　　九龍華仁以往的校園生活片段，不僅盛載了師生的回憶和情誼，也反映出不同年代的社會面貌。郭教授回想在學的年代，香港經濟還未起飛，一般人的生活並不寬裕。一些同學會用鐵飯壼帶飯回學校吃，也有同學喜歡光顧窩打老道或麥花臣遊樂場附近的小店。1973 年，飯堂的窩蛋牛肉飯每碟售兩元五角，有些同學覺得昂貴，寧可用長達 50 分鐘的車程時間往返深水埗，回家吃午飯。至於經濟狀況較好的，會到校外的茶樓、餐廳吃飯；有時也會到大排檔，同學間笑稱為「大排筵席」。周校長提到，現在神父和老師仍不時跟學生一起吃午飯，漸漸成為學校的傳統，藉以關心和了解學生。

　　九龍華仁的校服起初是白衣白褲，後來才改為現時的白衣灰褲。蔡先生在學時正好見證了校服的新舊交替。他依然記得母校對學生非常體貼：為顧及家境清貧的學生，學校容許同學繼續穿着原來的白褲子上學，於是兩種不同顏色的褲子同時在校園出現。

繼往開來　傳承百年歷史

　　九龍華仁創校以來，見證香港社會和教育環境的多番轉變，讓不同年代的九龍華仁師生各有其獨特的體驗。2024 年，便是九龍華仁創校一百周年的大日子。郭教授深信，教育最重要的是讓人建立信心，這樣才能為自己尋找更好的機會。他十分認同耶穌會提倡拉丁文 "Magis"（意指更好）的理念：只要把每件事做好一些，便可以簡樸切實地逐漸進步。這不啻是每個時代也適用的重要教育精神！周校長同樣盼望，學校未來繼續傳承耶穌會的辦學宗旨和理念，欣賞和接納每一位學生，努力讓學生健康快樂地成長。

麗澤中學

　　麗澤中學（以下簡稱「麗澤」）位於尖沙咀廣東道，1929 年創立時名為「麗澤女子中學」，原為一所女子學校。創校校董為梁逸芬（創校校長）、葉若昭（創校副校長）、蔣文哲、譚惠芳、尤訪雪、謝希韞、劉佩英七位女士。她們都是漢文女子師範學堂畢業生，也是虔誠基督徒。香港淪陷期間，校務曾一度停頓。香港重光後，於 1945 年 9 月重修德興街校舍，易名為「麗澤中學」，開始招收男女生。1956 年夏，尖沙咀廣東道新校舍 A 座落成，即今日麗澤校址；同年 9 月，德興街中學部及廟街小學部遷入開課，並開辦高級中學，提供「一條龍」學校教育服務。1978 年起，麗澤全面接受政府資助，成為津貼學校。

　　麗澤自創校至今，一直堅持母語教學，重視傳統中國文化知識和學生文學素養，並以傳揚福音和五育並重為辦學宗旨。校訓「自強不息」，本於《易經》「天行健，君子以自強不息」，旨在勉勵學生當如日月之運行，周而復始，晝夜不息。

麗澤中學校友邱可珍女士（右一）代表學校致送紀念品予港督葛量洪夫人（左一），攝於 1957 年。
圖片來源：麗澤中學

1960 年代的麗澤中學校友劉燕卿女士學生照。
圖片來源：麗澤中學

左起：李子建教授、劉燕卿
女士、邱可珍女士、李潔明
校長

受訪者	▆ 邱可珍女士，麗澤小學及中學校友，麗澤中學、五育中學及基督教興學會其中三所中學的校董。她擔任四所社福機構董事，並為白普理寧養中心委員。
	▆ 劉燕卿女士，麗澤幼稚園、小學及中學校友，香港乳癌基金會總幹事及廉政公署事宜投訴委員會委員，曾擔任申訴專員、消費者委員會總幹事及香港城市大學校董會成員。
	▆ 李潔明先生，麗澤中學校長。
訪問者	▆ 李子建教授
訪問日期	▆ 2020 年 12 月 1 日

▆ 請使用手機掃描此二維碼，觀看本節訪問的詳細錄影。

當年入學經過與學校生活

邱可珍女士小學三年級時入讀麗澤，曾先後在佐敦道、德興街和廣東道校舍上課。劉燕卿女士則自 1956 年幼稚園開始，入讀麗澤至預科畢業。劉女士記述中學年代，學校對面是九龍倉，現已變成中港城、海運大廈等；而旁邊的警察宿舍現亦變成港景峰。當年每天放學後，她會到警察宿舍那邊喝汽水。至於官涌當時只是一個小社區，卻有很多小食肆。劉女士還記得學校對面有一間友記士多，她每朝會到那兒買五毫一份的咖喱魷魚三文治回校享用。邱女士也記得曾在友記買過砵仔糕。當年廣東道位置臨海，邱女士放學後常會留校溫習至下午六時，然後走到海旁坐看日落。鄰近有一個地方至今仍在，就是九龍佐治五世紀念公園；但當時該區治安較差，學校因而嚴禁同學到公園，違者會記大過。

談到學生生活，兩位校友都非常雀躍。邱女士首先提到價廉物美的安樂園餐廳，劉女士更表示學校附近不愁飲食。便宜的，可以光顧多間北京餃子店；豪華的，可以到倫敦戲院旁的北京樓。她們一班同學有一個郵筒錢箱，每人不時放些零錢入內，儲夠錢便到北京樓大吃一頓，並藉此維繫同學間的感情。

辦學團體背景

提到麗澤的辦學背景，李潔明校長指出，七位創校校董於漢文女子師範學堂畢業，希望透過中國優良的文化傳統，教育下一代。其中創校校長梁逸芬女士和創校校董葉若昭女士都是虔誠的基督徒，以基督教精神辦學，造就生命，傳揚福音，因此，麗澤的課程很早便包括聖經課。但麗澤不是由教會創立和營辦的，辦學團體是麗澤中學有限公司，其實是由創校校長梁逸芬女士於 1950 年代組織起來，把七位創校校董的辦學理念延續下去，可喜的是，目前辦學團體的成員已全為校友了。

師生校友的聯繫

　　李校長認為，與校友聯繫的原則是新舊
共融，因此，學校一方面會舉辦活動，聯繫較
年長的校友；另一方面亦嘗試凝聚近年文憑試
畢業的高中學生。麗澤跟很多早期學校一樣設
有級社，全級同學同屬一社。劉女士那一屆叫
「協」社，凝聚力非常好，就是畢業了 50 年仍
有聚會。邱女士那一屆叫「恆」社，該社仍然
在港的同學每隔數月亦有聚會，分享近況。

社 徽

1968 年麗澤中學協社社徽。
圖片來源：麗澤中學

　　除了同學間的相處外，邱女士覺得師生相
處也很重要。她們畢業後仍與老師聯絡，還會
探訪老師。劉女士提到黃華柏老師和馮瑞蘭老
師，她多年來還與馮老師保持聯絡，並說她非常厲害，100 歲還可以打麻
雀；可惜於訪問前數月已離世。李校長覺得，麗澤的訓練是全人的，不只
關注課堂學習，更重視生命教育。麗澤畢業生那麼多年後還惦記學校，正
因為已建立了人和人之間的良好關係。

服務社區

　　李校長指出，麗澤在油尖旺區很有名，每一位街坊都認識，而社區裏
更有不少麗澤學生，感情深厚。1950 年代，失學兒童很多，麗澤舊生會曾
在德興街 12 號校址開辦平民夜校（1957 年 2 月至 1971 年 9 月），後來遷
至德興街 9 號及廣東道校舍，以幫助當時貧困學童，不收學費，每月只收
堂費二元，教師及員工都是義務為主，幸得各師長、校友熱心協助，籌募
經費，更在倫敦戲院義映《梨山春曉》，以作日常支出及獎學金之用。他
們亦常在節日送出禮物、大量餅食及戲院入場券，免費招待學生欣賞益智
電影等，興學育才，栽培後進之心志不減，對社會略盡綿力，作出貢獻。

劉女士還記得當時一所有名的夜校「玫瑰書院」會在晚間借用麗澤中學校
舍上課，只收錄成績較好的學生，提升他們的英語水平。

三、九龍城

　　馬頭圍、馬頭涌、馬頭角和土瓜灣是四個毗連小區。南宋末年，宋帝
昺南下避難至香港，後人在九龍寨城南面的海旁大石（後來啟德機場範圍
內西北面位置）刻下「宋王臺」的標記以作紀念；1920 年的香港地圖稱之
為 "Hill of the King of the Sung"，一般稱作「聖山」。可惜，在二次大
戰日本佔領香港期間，日軍為了填海擴建機場，毀掉聖山；幸而刻有宋王
臺三字的大石得以保存，戰後更移至今天宋皇臺公園的位置。九龍區較早
出現處理食用牲口的牛房和屠房，先後位於油麻地和紅磡。1900 年代初，
因為興建九廣鐵路，政府把牛房遷往馬頭角附近，從而帶動該區的城市及
工業發展。區內也有不少學校歷史悠久，發展完善。

約 1920 年代的九龍馬頭涌聖山。
圖片來源：香港歷史博物館

九龍城宋王臺，約攝於 1920 年代。
圖片來源：香港歷史博物館

九龍真光中學

　　九龍真光中學（以下簡稱「真光」）是一所基督教女子中學。1872 年，美北長老會傳教士那夏理女士在廣州沙基金利埠創立南中國第一所女子寄宿學校，名為「真光書院」。1917 年，中學部於廣州白鶴洞落成啟用，定名為「真光女子中學」。

　　1949 年，真光女子中學校長馬儀英博士帶同師生遷校來港，於九龍塘窩打老道設校，定名為「九龍真光中學」。1955 年，港督葛量洪爵士到訪，並批出根德道附近官地另建中學校舍。新校舍於 1960 年落成啟用，校舍前方道路更獲港府命名為「真光里」。

　　九龍真光中學在港辦學 70 餘年，校訓是「爾乃世之光」（效法基督，榮神益人），歷來培養出不少傑出校友，遍佈香港各界。

1960 年代的九龍真光中學新校舍。
圖片來源：九龍真光中學

左起：黃麗娟女士、麥潔瑤女士、李伊瑩校長、李子建教授、華潔明女士

受訪者	▰ 黃麗娟女士，1962 年於九龍真光中學畢業。該校校董會副主席，曾任香港基督教女青年會總幹事。
	▰ 麥潔瑤女士，1964 年於九龍真光中學畢業。該校校董會成員，曾任浸信宣道會呂明才小學校長。
	▰ 華潔明女士，1965 年於九龍真光中學畢業。該校校董會成員，曾任本地及海外企業財務總監超過 45 年。
	▰ 李伊瑩女士，2010 年出任九龍真光中學第五任校長。九龍真光中小學兼幼稚園部總校長、九龍城區校長聯絡委員會主席、津貼中學議會司庫、九龍城區中學校長會委員。
訪問者	▰ 李子建教授
訪問日期	▰ 2020 年 12 月 11 日

▰ 請使用手機掃描此二維碼，觀看本節訪問的詳細錄影。

對操行和學業的嚴格要求

真光對學生操行和學業均有嚴格要求。李伊瑩校長說,當年操行若屬丙級,會被勒令退學;而從〈真光女兒須知〉也可知悉,兩科不合格便要留級;三科不合格而其中一科 50 分以下更要退學。華潔明女士補充說,中、英、數三科必須合格,個別科目則可以補考。她們均表示,當年真光仍屬私校,對學生升留有較大自主權。由於升級並不容易,真光以前特設升級禮,在操場舉行儀式。不過,現在已沒有升級禮了。

傳統的提燈禮和傳燈禮

提燈禮和傳燈禮是真光畢業禮上的傳統禮儀,惟只有傳燈禮仍保留至今。黃麗娟女士憶述當時提燈禮的情景:每名學生提着點燃蠟燭的燈籠,在操場上排列出各種圖案;圖案年年不同,其中一年是個轉動的車輪。李校長補充說,有一年的圖案是星形,而五角星正是九龍真光以前的校徽;現在四所真光學校已使用同一校徽了。以往學生提蠟燭燈籠時要小心翼翼,今天的傳燈禮改用了新式燈飾,安全得多。學生還會排練不同舞步,配上音樂,演繹圖案及其背後意思,猶如燈操。至於傳燈活動,是由畢業生把燈傳給下一屆,並娓娓道出她們在真光的學生生活,以及對師妹的勸勉。

對師長的懷念

當年的老師大部分來自內地。三位校友也聽過他們戰亂時逃難的故事,因而對中國歷史有更深刻的認識和感受。談到馬儀英校長的風采,黃女士說,馬校長通常只教高中三畢業班聖經一科,而她卻有幸上過她的課。她記得馬校長曾教導過,不可直接用「你」稱呼長輩,以示尊重。李校長只是從文獻資料上認識馬校長,但已覺得她很有魄力,縱使不良於行,也多次從廣州攀山涉水來香港為學校選址,更於 1973 年創立真光女書院。

1960 年，時任教育司高詩雅（前排左二）主持九龍真光中學新校舍開幕儀式。
圖片來源：九龍真光中學

九龍真光中學舉行的提燈禮和傳燈禮。
圖片來源：九龍真光中學

真光的特色

談起真光的旗袍校服，李校長表示，這可追溯至廣州時期。學校服飾無疑也會隨時代變化，當年也曾試過類似小鳳仙裝。1949 年，學校遷到香港，仍沿用旗袍作校服。其實，旗袍即是長衫，而長衫亦是當時流行服飾，因為裁剪直身和不貼身，走路和工作時會較為方便，所以選作校服。真光另一特色是級社，全級學生從入學到畢業都同屬一社。黃女士說，每年都有社慶，各班要組織活動，是訓練團隊合作的好機會。

文化活動

當年真光合唱團曾拿過數屆全港冠軍，而近年較突出的項目則是話劇。李校長說，每屆中一同學要演出一齣英文音樂劇，學校稱之為「Page to Stage」。英文老師先在課堂上教授文本，加以訓練後便在台上演出。2019 年演出的劇目為《雙城記》（*A Tale of Two Cities*），2020 年則是《秘密花園》（*Secret Garden*）。

香港培道中學

香港培道中學（以下簡稱「培道」）位於九龍城延文禮士道，創校至今逾百三載。1888 年（清光緒十四年），美國南方浸信會女傳道會聯會派遣容懿美（Emma Young）來華，於廣州五仙門創立「培道學校」，向婦女傳授基本知識，並宣揚基督教。1937 年蘆溝橋事變後，廣州受空襲，學校遷往肇慶暫避戰火，其後再輾轉遷至香港，在九龍旺角廣華街設校。1941 年日軍襲港，培道與培正中學在粵北坪石合辦「培正培道聯合中學」。1946 年香港分校正式命名為「香港私立培道女子中學」。

1952 年，由於學生人數劇增，培道獲政府撥贈延文禮士道山地興建校舍，並於 1954 年由港督葛量洪爵士夫人（Lady Grantham）主持開幕典禮。

2006 年，獲立法會撥款重建學校，三年後延文禮士道新校舍竣工，並於 2010 年 3 月正式開幕。新校舍更設校史館，保存學校珍貴歷史文物。

　　培道是一所基督教全日制資助女子中學，一直奉行母語教學，至 2010/11 年才調整教學語言，改為雙語教學。學校保持傳統長衫作為校服，早期以民初「上襖下裙」服飾，到了 1940 年代才改為長衫，沿用半世紀；直到 1990 年代中期，中一至中三逐年更換成西裙，但中四至中六仍穿着長衫，秉承傳統。培道亦是全港唯一一所以白色長衫作為夏季校服的女子中學。

左起：鄭保瑛博士、張美華校長、
張婷女士、李子建教授

受訪者	■ 張婷女士，1961 年於香港培道中學畢業，曾任李求恩紀念中學副校長、培道校友會會長，1982 至 2009 年更擔任培道校董。 ■ 陳瑩瑩女士，香港培道中學 1990 年代校友，在母校任職 20 多年。 ■ 張美華女士，香港培道中學校長。
訪問者	■ 李子建教授
訪問日期	■ 2020 年 12 月 10 日

■ 請使用手機掃描此二維碼，觀看本節訪問的詳細錄影。

培道的歷史背景

陳瑩瑩老師縷述培道的創校經過。十九世紀時，美南浸信會女傳道會聯會因中國婦女絕少讀書機會，亦無途徑認識基督，派遣傳教士容懿美於 1888 年來到中國，在廣州開辦「培道蒙學」。抗戰期間，學校輾轉遷移到不同地方；抗戰勝利後遷校來港設分校，也曾在不同地點授課，最後於延文禮士道落地生根。張美華校長補充說，戰後培道最初租用士他令道浸信會副堂作校舍之用，從幼稚園到中一共有 194 名學生，惟南京僑委會規定中小學不能設立分校，故將香港培道分校改名為「香港私立培道女子中學」；其後學生人數倍增，1952 年獲政府撥出延文禮士道興建校舍，1954年落成。不過，興建校舍那兩年間，培道遇上很多挑戰。興建校舍需費76 萬元，政府雖然提供免息貸款，仍不足夠。由於香港培道中學和香港培正中學屬姊弟學校，淵源甚深，兩校便在 1952 年舉行誓師大會，一起籌募捐款，終於成功興建校舍。在校友支持下，培道更在十年後清還所有貸款。

女校特色

培道是中國和香港女子教育的重要里程碑。由於培道為女校，只有女學生，學校便盡量讓學生參與不同崗位的工作，以去除性別定型。不過，該校也保留一些較適合女性的科目，例如：家政、縫紉等，還增設旗袍班，教導學生穿着旗袍，通過長衫文化讓她們認識自己，以及學校的歷史演變。培道的長衫校服是白色的，代表聖潔和高雅，與其他學校的藍色長衫不同。學校希望學生潔身自愛、賢良淑德、端莊有禮，待人接物時亦能善於表達，可見培道很注重禮儀和女性形象，對內對外都要得體。為此，張校長近年設立「禮儀大使」，由專人教授禮儀班，還邀請校友回來指導學妹。

1952 年，香港培道女子中學獲香港政府撥贈延文禮士道山地興建校舍。

圖片來源：香港培道中學

1961 年香港培道女子中學校友張婷女士畢業照。
第三排右三為張女士。

圖片來源：香港培道中學

香港培道女子中學的延文禮士道校舍，攝於 1954 年。

圖片來源：香港培道中學

學生背景與學校生活

　　張校長表示，由於培道以前是私立學校，學生多數來自小康家庭，居於九龍城或九龍塘區。當年課外活動除籃球、壘球等球類運動外，還有少數同學學打網球。這在 1950 年代可算是十分高級的運動。到了現在，張校長指出，培道的德、智、體、群、美、靈六育全面發展，其中的「拜師學藝」活動，有長衫製作、皮影戲表演等傳統工藝，旨在承傳中華文化。音樂方面，每年舉辦的大型活動 "Arts in Action"，綜合不同藝術類型，包括：中西舞蹈、合唱團、演奏、清唱和音樂劇等，共冶一爐。此外，培道一向重視戲劇，演藝界內不乏知名校友。

　　張校長強調，培道作為基督教學校，十分重視將基督教教育滲入各學科中，尤其德育，教學時會以聖經的標準教導學生。課堂以外，學校亦很重視傳揚福音。學校課程設計亦以聖經為中心，教導學生行事為人以耶穌基督為榜樣，讓學生自由信奉基督教。其實，無論學生是否信徒，學校都希望她們遇到挫折時，能藉着在學時學到的聖經教誨，有所啟發，從而激勵她們重新振作。為此，學校每年均設有福音週，還有年度班際詩歌比賽、德育營會及團契等。

　　張婷校友分享，培道有一個特別傳統，就是每五年一次於校友日舉辦的「加冕儀式」，以頒授紀念章的形式表揚資深校友。這個儀式聯繫了不同年代的校友，不少更畢業了 30 年甚至 50 年以上，也有很多專程從海外回來參與。加冕儀式最開心的環節，就是校友邀請相熟老師回來為她們加冕。這不啻是培道一大盛事。

培道與培正

　　說到培道和培正的淵源，張校長表示，培正、培道在廣州其實只是一街之隔，在 1941、42 年間，更曾先後在坪石和桂林一同成立兩所培正培道聯合中學。1952 年，培道興建校舍時，培正還幫忙籌款，而培道學生也曾

在培正演劇籌款。由此可見，兩校一向已有密切聯繫，關係很好，怪不得有順口溜說：「培正馬騮頭，培道女子溫柔柔」。數年前，兩校仍有交換生，互派中三、中四同學到對方學校上課一星期，也會觀看對方表演，了解對方校情。120 周年時，培道更曾邀請培正男生一起演出音樂劇。

香港培正中學

　　香港培正中學（以下簡稱「培正」）位於何文田培正道。其歷史始於 1889 年，廣州浸信會教友在廣州開辦書塾，定名「培正書院」。1933 年，培正在九龍何文田購地，建立香港分校，為香港培正中學前身。日佔期間，培正被迫結束香港分校全部工作；重光後，培正香港分校於 1945 年 10 月借用九龍塘學校正式復課，並於翌年重返何文田校舍。1950 年，港、澳、穗三地學校宣佈行政獨立，培正香港分校正式易名為「香港培正中學」。

廣州培正香港分校復課紀念照，攝於 1945 年。
圖片來源：香港培正中學

　　1970 年代，香港政府計劃實施九年免費教育，培正於 1978 年正式轉為津貼學校。1984 年，校董會決定中小學行政獨立，中學為政府資助之「香港培正中學」，而小學及幼稚園則易名為「私立香港培正小學」，兩校則維持直屬學校關係。

　　培正創校百三載，辦學理念至今不變：以基督教全人教育為經，以母語教學為緯，教導學生認識中國文化及現代科技，提高民族民主意識，培養完整之人格與強健體魄，提升藝術與資訊素養，於德、智、體、群、美、靈六育作均衡發展。

李子建教授以視像會議形式訪問遠在美國的吳家瑋教授（左）。

江啟明先生（左）及李子建教授

受訪者	▆ 吳家瑋教授，1954 年於香港培正中學畢業。1983 年出任舊金山州立大學校長，是美國有史以來第一位華裔大學校長。1988 年出任香港科技大學創校校長至 2001 年榮休。 ▆ 江啟明先生，香港培正中學舊生，香港藝術家、畫家、美術教育家及藝術評論人，2006 年獲頒銅紫荊星章。
訪問者	▆ 李子建教授
訪問日期	▆ 2020 年 11 月 24 日（兩位受訪者分別受訪）

▆ 請使用手機掃描此二維碼，觀看吳教授專訪和江先生專訪的詳細錄影。

1950 年代的生活

　　吳家瑋教授兒時家住港島；升讀高中時，父母心儀培正中學，便舉家搬到九龍，先後在太子道和金馬倫道居住。家居太子道時，他每天經過加多利山、位於亞皆老街的中華電力公司總部和窩打老道，步行上學；而在金馬倫道居住時，他大清早便乘坐 7 號巴士，從尖沙咀到何文田上學（1958 年拍攝的粵語片《第七號司機》，有片段顯示，當時從尖沙咀至九龍塘 7 號巴士的沿途景物，包括：尖沙咀碼頭、窩打老道、旺角域多利戲院等）。有時為了節省車費來買零食，他也曾從尖沙咀步行回校。

學識淵博的師長

　　培正老師的學養和教導對吳教授影響深遠：地理老師梁蘄善先生，除了解說地圖，更會分析大城市多在河邊、江邊興建的原因；國文老師羅慷烈先生更是著名學者，講課自然頭頭是道；歷史老師梅修偉先生書寫黑板的速度很快，學生常要拼命抄寫筆記。這些都是吳教授十分尊重的老師。

香港培正中學校友吳家瑋教授
1950 年代的畢業照。
圖片來源：香港培正中學

1950 年代，吳家瑋教授獲品學兼
優獎，與林子豐校長和父執合照。
圖片來源：香港培正中學

1954 年香港培正中學級
社匡社社徽。
圖片來源：香港培正中學

事實上，培正一向重視中國語文、歷史和文化教育，卻不流於說教，而是潛移默化，培養學生的民族觀念和家國情懷。此外，吳教授對培正的理科老師，如朱達三、林祖勇、張啟滇和老瑞琪這幾位老師的教導，至今仍印象深刻。

學生生活

吳教授的課餘活動也多采多姿。他學過劍擊，曾位列全港前十名之內；但相比之下，他更喜愛團體運動，如：籃球、排球和壘球等。高二、高三時，他在朋友指導下還開始玩橋牌。吳教授亦愛閱讀，經常到美國新聞處圖書館借書，讀過很多西方經典小說的中譯本；不過，他印象較深刻的，卻是蘇聯長篇小說《鋼鐵是怎樣煉成的》；而這本書原來是向一位左派同學借閱的。那時候，培正約有四分之一的學生屬於所謂的左派，四分之一則屬於所謂的右派；他們畢業後會分別到大陸和台灣升學。

1950 年代的學生活動遠不及現在豐富。吳教授記憶較深的，就是畢業

1950 年代，香港培正中學牌樓及校舍。
圖片來源：香港培正中學

香港培正中學多年來培育了不少香港文藝界的精英和領袖。圖為 1952 年的《謠傳》劇照。
圖片來源：香港培正中學

典禮時，培正和培道、真光兩所女校舉辦的聯歡會。培正雖是男女校，但多數是「馬騮頭」，女生較少。此外，當時公共交通並不發達，吳教授因而很少外出。印象較深刻的一次是 1953 年石硤尾大火，老師安排他們到災場做義工；另一次則是英文老師謝世，與同學們一起到墳場致哀。

吳教授憶述當時的何文田還是荒山野嶺。他們打球或運動後，要到何文田山找水龍頭喝水解渴。當時培正附近餐廳也不多，有間 ABC（愛皮西）飯店（拔萃女書院及拔萃男書院的訪問也有提及）及一間小小的茶餐廳。午膳時間，吳教授通常和兩三位同學一起到茶餐廳吃碟頭飯，還一定要「加底」（即雙倍白飯）才吃得飽。午飯後，他們又趕回學校打球，弄致滿身塵土、渾身汗臭，繼續上課。如此簡單純樸的青蔥歲月，令人神往。

培正與藝術

畫家江啟明先生也是培正中學舊生，同樣認為學校對他影響很大。當時江先生是學校合唱團的男低音，音樂老師教他躺着練習運用丹田，啟發他後來運用丹田氣來控制畫筆。此外，那位老師的男朋友收藏了很多珍貴的西方畫集；當她知悉江先生喜歡繪畫後，便邀請他到男友家裏借閱，從而引起他對西洋畫的興趣。江先生的中文老師葉惠恆先生，即著名音樂家葉惠康的兄長，對他的中文學習亦有重大影響。江先生畢業後，仍與葉老師書信往來。江先生也喜歡看書，時常到培正的圖書館流連，而當時負責圖書館的是馮棠校長的妹妹。

江先生逾 40 載的美術教育工作，是從香港美術專科學校（香港美專）開始。當時他只有初中畢業程度，更沒有接受師資訓練。後來，教育司署美術組高級視學官顧理夫（Michael F. Griffith）在教師註冊面試時看過他的水彩畫後，即批准他成為乙級美術教師，而九龍塘學校就是他第一所正式任教的學校。

1960 年代，他開始教授兒童繪畫，當時學生人數不多，只有部分較富裕家庭讓子女學習繪畫。江先生相信自己是香港公開教授兒童繪畫的第一人，亦是把兒童帶往「麗的映聲」兒童節目表演繪畫的第一人。他主張讓

兒童發揮專長，以及左右腦平衡發展，讓理性與感性同步並行，而非以臨摹方法教授兒童畫畫。

瑪利諾修院學校（中學部）

瑪利諾修院學校（以下簡稱「瑪利諾」）由美國瑪利諾女修會於 1925 年創辦。當時修女於柯士甸道 103 號的修院內開設幼稚園，但受活動空間所限，首批學生只有 12 名葡籍兒童。由於廣受歡迎，瑪利諾隨後每年增設一個較高的班級，並租用修院旁英皇台的另一單位上課。修女於 1929 年將學校遷至金巴利道 2 號，營辦幼稚園及小學，又為同學設計了首套校服，辦學漸具規模；隨着學生數目不斷增加，學校於 1932 年遷往位於太子道 248 號的校舍。

瑪利諾早年的學生背景多元，包含不同族裔，當中既有來自政商階層，也有較為基層的家庭。瑪利諾於 1936 年成為補助學校，並於 1937 年正式遷至位於窩打老道 130 號的獨立校舍；該棟饒富特色的紅磚建築，至今仍是九龍地標之一。新校舍設施更為完備，包括科學實驗室、禮堂、操場和家政室等，提供幼稚園至大學預科教育；當時學生人數已達 400 人，後來更開辦實用科目供學生選修。

第二次世界大戰期間，部分修女被拘留於集中營，其後部分被遣返或離港往中國內地，而校舍則被日軍佔領，成為日軍醫院。戰後，修女陸續回港並致力修葺校舍，瑪利諾遂於 1946 年重開，並以有教無類、全人教育為目標，逐步開辦信仰課程，推行社制，增設不同學會、合唱團、學生會以及服務團隊等。由於學生不斷增加，校舍空間不足，校方乃於 1960 年將中學部遷至位於何東道 5 號的新建校舍。

瑪利諾致力培育品學兼優的女生，於 1992 年成立瑪利諾修院學校教育信託基金（Maryknoll Convent School Educational Trust），為學生提供更優良的教育與學習環境。隨後，於 2004 年成立由舊生組成的瑪利諾修院學校基金（Maryknoll Convent School Foundation），接手成為辦學團體，承傳瑪利諾修女的教育使命和願景。

左起：李子建教授、李麗娟女士、顏文芳校監、梁詠琪女士、余黎青萍女士、陳倩君校長、鄧穎瑜女士

受訪者	◆ 余黎青萍女士，1962 年於瑪利諾修院學校（中學部）畢業，曾任瑪利諾修院學校（小學部）校監；廉政公署首任社會關係處處長、教育署署長、屋宇署署長、區域市政總署署長、立法局議員辦事處秘書長。
	◆ 李麗娟女士，1968 年於瑪利諾修院學校（中學部）畢業，瑪利諾修院學校教育信託基金會長；曾任民政事務局常任秘書長、民政事務總署署長、行政立法兩局議員辦事處秘書長。
	◆ 梁詠琪女士（Gigi），1993 年於瑪利諾修院學校（中學部）畢業，著名歌手、演員。
	◆ 顏文芳女士，1984 年於瑪利諾修院學校（中學部）畢業，瑪利諾修院學校（中學部）校監。
	◆ 陳倩君女士，瑪利諾修院學校（中學部）校長。
訪問者	◆ 李子建教授
訪問日期	◆ 2023 年 10 月 17 日

◆ 請使用手機掃描此二維碼，觀看本節訪問的詳細錄影。

1925 年，瑪利諾修院學校於柯士甸道 103 號開辦幼稚園。
圖片來源：瑪利諾修院學校（中學部）

打開時光寶盒

　　余黎青萍女士於 1952 年插班入讀瑪利諾修院學校小學四年級，直到大學預科畢業。當年她家住深水埗，由於節省車費，而且沒有巴士直達校園，她每天與兩個妹妹徒步往返學校；中午更回家用飯，每程長約一里多些。她笑言，因年輕時靠雙腿一天往返學校四趟，這番鍛鍊讓她現在仍可健步如飛。

　　李麗娟女士則於 1954 年入讀瑪利諾幼稚園，亦是一直唸至大學預科。由於五姐妹同校，常常一行五人，浩浩蕩蕩地挽着當年流行的小籐書篋步行上學。

　　顏文芳校監從小學開始就讀瑪利諾，至 1984 年中學會考畢業。當時家住窩打老道學校對面，也常常走路回校。梁詠琪女士 Gigi 同樣是「一條龍」在瑪利諾從小學讀到 1993 年中五畢業，卻有不少乘車上學的經歷。唸

中學時她家住元朗，每天上學要坐村巴、火車再轉巴士，耗費個多小時。父親偶爾會駕車送她上學，但要駛上大帽山，下山後才到學校；遇上風雨交加的日子，山上煙雨朦朧，教人有點膽顫心驚。

　　可是，談到當年在學校飯堂大快朵頤的情景，眾位校友至今仍暖入心懷。顏校監至愛的叉燒飯、Gigi 經常光顧的「碟頭飯」和冬日暖笠笠的維他奶，更可說是許多香港人的集體回憶。李女士對 1950 年代的自製三文治午餐尤有感觸；年幼時她常常和姐妹排隊領取免費麵條、鹹牛肉罐頭、煉奶等；在麵包內夾着薄薄一層鹹牛肉，用紙包好，放在書包裏，就是一頓午餐了。

校服變化萬千

　　談到校服的演變，大家也勾起段段回憶。余黎青萍女士説，夏季和冬季校服的款式雖然一致，但布料卻不盡相同。夏天是白色棉的校服，配有藍絲帶；裙子的工字褶很漂亮，但要熨起來可不容易，實在辛苦了母親；而冬天則配搭深藍色的絨裙，也更難熨得妥貼，因為要避免「起鏡面」。

何東道校舍的科學實驗室，攝於 1961 年。
圖片來源：瑪利諾修院學校（中學部）

那個年代修女對校裙的要求十分嚴謹，規定長度必須及膝，因此總是讓她們跪着，好檢查裙子是否碰到地面。Gigi 說，因為學生正值發育時期，所以訂購夏季校服時都會預留一點布料，方便日後長高了可以「放長」裙子。

瑪利諾的校服設計原來亦大有來頭，是才華橫溢的設計師 Lannie Oei 的早期作品。他後來還為多個政府部門、國泰航空公司等設計制服。瑪利諾現在的小學校服更已註冊了版權。李女士還提到，當年的領袖生與其他學生一起成立學生組織，討論轉換校服；一談就是三年，可見校方十分重視學生意見。顏校監補充說，她在學時校服的特色多彩多姿，夏天校服有藍色、橙色，冬天更可選擇白色、橙色、藍色的針織衫，突顯瑪利諾賦予學生自主權的文化。

注重德行培養

瑪利諾的校訓是「明德惟馨」，可見學校一直注重德行的培養，凡事建立在愛與尊重的基礎之上。瑪利諾的精神就是，無論種族膚色，家境貧富，都可以平等地和諧共處。余黎青萍女士認為，這與中國傳統教育所提倡的德、智、體、群、美五育有異曲同工之妙，只是瑪利諾還加了「靈修」，變成了六育並重。修女也教導學生要樂於助人，貢獻社會，因而經常帶領和鼓勵她們參與課外義工服務，如：為聖母醫院洗藥水瓶、為幼稚園小朋友開派對、幫助身體不便的低年級同學等。

顏校監又談到瑪利諾自由而包容的校園氛圍。瑪利諾有一特色活動，每年學生會會選擇一所友好學校（包括男校）進行聯校暑期活動，彼此交流學習，體驗不同的課堂及課外活動。當年暑期完結後，得校方及修女批准，更會和交流的男校學生開舞會或舉辦聯校音樂會。此外，為顧及學生自尊心和保持她們的學習熱情，學校從來不會按成績排次，更不會單獨設立精英班。余黎青萍女士說，以往學校只會公佈第一名，如今也只會公佈第一至三名；即使試卷評分，也只分 ABCD 級別而非提供具體分數。

Maryknoll Convent
School

Sola Nobilitas Virtus

Gigi Leung　　Gigi Leung

O 2

Education University

瑪利諾歷代學生均曾學習書寫一種學
校獨有的英文字體。圖為余黎青萍女
士、李麗娟女士、梁詠琪女士和顏文
芳女士筆跡。

圖片來源：香港教育大學香港教育博物館

顏文芳女士在學年代，中學部一年一度舉辦 Concertino 歌
唱比賽，現在已演變為 Maryknoll's Got Talent 才藝比賽。

圖片來源：顏文芳女士

昔日的瑪利諾學生於球場上打籃球。

圖片來源：瑪利諾修院學校（中學部）

主動參與活動　發光發亮的瑪利諾學生

　　Gigi 認為，從瑪利諾秉承而來的善良愛心、謙卑待人與奉獻精神，讓有幸受教的學生變得閃閃發亮。余黎青萍女士更切身體會到，正因為母校的諄諄教誨，瑪利諾的學生才得以養成具誠信和責任感的美好品格。李女士則特別記得，當年瑪利諾修女跟她們提及幽默感的重要性，令學生因而勇於嘗試，不怕跌倒，敢於自嘲。在歌唱比賽上，即使不能取勝，也還是自信而樂觀。余黎青萍女士補充說，瑪利諾學生還有一項特長，就是能夠通過字跡辨認校友，因為學生從小開始練習寫字。

　　瑪利諾重視學生的均衡發展，上課讀書之外，還為學生安排各類豐富而有意義的課外實踐活動，包括：運動會、歌唱比賽、社團活動、籌款活動、戶外露營、粵劇表演等。Gigi 在中學時期加入紅十字會，午飯後常常開會或步操等，忙得不亦樂乎；有時會外出參與長者服務，聖誕假期也會到合唱團幫忙。顏校監由衷地說，瑪利諾的學生都是「又讀得書、又玩得的」。

薪火相傳　展望美好未來

　　瑪利諾修院學校自開辦以來，修女對學校的發展產生了潛移默化的影響和重大貢獻，令瑪利諾的辦學理念與精神得以發揚光大。余黎青萍女士記得，踏入千禧年時，修女約晤了數十名校友，對她們表示，香港的教育發展已很完善，打算把學校交由舊生承繼管理；修女人少，須要前往較落後或發展中的國家，繼續承傳瑪利諾的精神，發展當地的教育事業，為當地服務。在修女的促成下，校友最終於 2004 年成立瑪利諾修院學校基金，接下辦學團體的重責。

　　李女士所接觸的校友中，從 19 歲到 91 歲，無不對母校滿懷熱愛與感激之情。陳倩君校長說：「瑪利諾是一所非常出色的學校。我深刻地感受到校友對學校的愛，以及對香港整個社會的貢獻。希望瑪利諾的學生一定要持續回來，一起建立這個家！」期待這樣的薪火相傳，為瑪利諾延續下一個光輝百年。

民生書院

　　民生書院（以下簡稱「民生」）位於九龍城東寶庭道，同一校址設有幼稚園、小學及中學，另有港島民生書院位於香港西灣河。1916 年，華人富商何啟、區德（又名區澤民）及曹善允合營啟德投資公司，建設「啟德濱」；同年曹善允倡議集資辦學，並於 1924 年聘請黃映然為創校校長，籌備建校。區澤民遺囑有捐款一萬元興學的條款，加上商人莫幹生捐助一萬元，合共兩萬元作為籌備基金，學校因此命名為「民生書院」，以紀念兩位捐款人。

　　1926 年，民生正式啟校，成為九龍區第一所提供中英文教育的私立學校。1936 年，民生書院學生漸多，校舍不敷應用，校長黃映然便開始籌款，只需一年多便購得嘉林邊道尾、侯王廟附近 12 萬平方呎農地建築新校舍並獲政府豁免補地價金額。1939 年，新校舍終告落成，隨後多年陸續改建、擴建，在原址建成今天的新型校舍。

　　1941 年，日本入侵，民生教學活動停頓，至戰後才恢復。1970 年代，香港教育改革。1975 年，民生書院中學部啟動轉為津貼學校的計劃，至 1978 年正式成為津貼中學。1999 年，港島民生書院新校落成啟用。自此，民生書院形成其完整之教育規模，擁有九龍中小幼三部，以及港島民生書院。

1920 年代民生書院籃球隊。
圖片來源：民生書院

前排左起：林謐老師、民生書院小學梁桂英校長、劉瑩博士、鄧穎瑜女士、薛奉筠老師、李欣怡老師

後排左起：民生書院幼稚園張展鈴校長、民生書院葉志兆校長、李子建教授、校友張經略先生、吳懷德先生、馬漢傑先生

受訪者	■ 吳懷德先生，1956 年級輝社校友、民生書院同學會永遠會員，曾任民生書院辦學團體校董會校董、香港公共圖書館及政府各部門圖書館總館長。民生書院同學會會刊《校友之聲》特約撰稿員、民生書院歷史文物館管理委員會顧問。
	■ 張經略先生，1963 年級毅社校友、民生書院同學會永遠會員，曾任民生書院辦學團體校董會主席、民生書院同學會主席。民生書院同學會永遠會長、《校友之聲》編輯、民生書院歷史文物館管理委員會主席（館長）。
	■ 馬漢傑先生，1969 年級浩社校友，民生書院同學會永遠會員，曾任民生書院同學會常務執行委員。民生書院同學會永遠執行委員、《校友之聲》編輯、民生書院歷史文物館管理委員會委員。
訪問者	■ 李子建教授
訪問日期	■ 2020 年 12 月 17 日

■ 請使用手機掃描此二維碼，觀看本節訪問的詳細錄影。

民生書院嘉林邊道校舍，攝於 1953 年。
圖片來源：民生書院

1956 年，民生書院創校 30 周年校慶。
圖片來源：民生書院

舊日的九龍城

　　吳懷德先生回想，1940 年代九龍城經濟很差，戰後街道地面更凹凸不平，留有不少戰火痕跡。他住城南道，穿越九龍寨城，再經過小片場的側路，便回到學校，需時不過 15 分鐘。1950 年代初，九龍寨城治安並不太差，有很多木屋、石屋，還有醬園、菜園等，後來才變成「三不管」的狀況。1948 年，寨城發生了全港第一次暴動，政府分兩次強拆了寨城幾十間木屋，連有歷史價值的石屋也拆掉。居民抗議，寶安縣長前來慰問，卻觸發居民更多不滿。有人開始擲石，隨後軍警來到，開槍和發催淚彈，導致多人受傷。國共內戰時，很多人逃難來港，入住寨城，用易燃的瀝青做屋頂，又以木柴做飯，發生火災只是早晚的事。吳先生清楚記得，寨城大火那天，他正在上課，看見九龍城那邊冒出黑煙，校長促學生趕快回家。當時情景，至今記憶猶新。吳先生回憶兒時在民生書院讀小學，經常到學校附近古老街道玩耍，留下足跡。大多數同學亦散居在附近二次大戰前建築的三層樓宇，因此對這些街名數十年後仍能琅琅上口，譬如嘉林道、聯合道向東的福佬村道、獅子石道、侯王道、衙前圍道、南角道、龍崗道、城南道和打鼓嶺道。從街名想像一定和當年的地方歷史大有關係，惹人無

民生書院早年已在課外活動方面屢獲佳績。圖為 1956 年校際
粵語戲劇比賽《牆》的劇照，此劇當年榮獲高級組冠軍。
圖片來源：民生書院

1951 年，民生書院校友吳懷德先生小學畢業證書。
圖片來源：民生書院

限遐思。

　　馬漢傑先生最記得的，卻是飛機。1960 年代，民生後面是雷達山，引導飛機航道，因此經常有飛機飛越校舍。由於噪音很大，老師講課每隔十幾分鐘便要停下來。此外，那時候啟德機場仍有軍機升降；他們從窗口望去，偶然也會看到軍機試飛。

民生的源起

　　張經略先生縷述民生的源起。上世紀初，九龍城區居民生活較窮困，不少孩子失學。區澤民（即區德）和莫幹生[14] 兩位商人便各捐一萬元，於啟德濱創辦學校（1939 年遷至嘉林邊道）。民生成為其中一所由本地華人開辦的英文書院。說起來，民生這校名與國民黨的三民主義完全無關，只是由兩位贊助人名字最後一字所組成。民生也不是左派學校；曾有照片顯示書院好像掛上五星旗，其實只是一場誤會，因為校舍後面的長城片場為慶

---

[14] 區澤民為香港企業家、慈善家；莫幹生為香港紳商。

祝國慶，掛上五星旗，在平面照片上乍看會誤以為是民生掛上的。不過，當時也確有很多影星或導演的子女在民生唸書，當中有些家長是左派。此外，民生也不屬於任何教會；只是，創校校長黃映然先生是一位很虔誠的基督徒，故以「光與生命」為校訓，並以基督教的理念辦學。

緬懷恩師

　　儘管經歷數十寒暑，三位校友仍然十分懷念當年的師長。張先生自言有三位師長對他影響至深。第一位是陳伯民校長，他是民生早期啟德濱校園的學生，為了回饋母校教育之恩，退休時把整筆退休金買了滙豐銀行股票，送給學校作為獎學金基金。他辭世時已 101 歲，還將遺體捐給港大當大體老師，品格一流。第二位是戲劇老師張正義，抗戰時期排演過抗戰劇，鼓勵抗日。張先生本人對戲劇的興趣也是受張老師的啟蒙。張先生畢業後曾加盟多個話劇團，與鍾景輝、殷巧兒、麥秋等劇壇名人一起演過話劇，又曾在青年中心教授戲劇；香港話劇團藝術總監陳敢權就是他當年的學生。第三位是音樂老師莊表康老師。莊老師在上海音樂學院畢業，在民生任教期間組織合唱團，訓練大批音樂人才，包括：葉詠詩、陳偉光、嚴仙霞、陳秋霞、林志美、彭羚、張崇基、張崇德、曾智斌、羅力威等。他們都曾領受過莊老師的音樂薰陶。

中英兼修

　　張先生指出，民生由創校開始已實施兩文三語教育。學校有很多訓練學生語文能力的方法，其中最有效的一個，就是要每位同學每年於早會時上台，向全校同學作兩次三至五分鐘的演講，題目自選，一次用英文，一次用國語。馬先生補充說，民生在 1926 年時已有外籍老師教授英文；而大部分老師雖來自國內，英語水平卻很好，只是說得較慢，卻反而讓學生較易聽懂。教授其它科目的老師也純用英語，不像一些英文中學般中英夾雜。

喇沙書院

　　喇沙書院（以下簡稱「喇沙」）位於九龍塘喇沙利道，是一所天主教男校，由喇沙會修士於 1932 年創立。該校前身為 1917 年 9 月 5 日於漆咸道 45 號開辦的「聖若瑟書院分校」（St. Joseph's Branch School）。首年只開辦第七至第八級，相等於現在的小五至小六。

　　由於九龍區發展迅速，原有校舍不敷應用，學校最後選擇在九龍塘界限街興建新校，並命名為「喇沙書院」，其宏偉的校舍更曾成為九龍地標。當時，九龍塘仍屬新發展區，學校附近主要是農田，建築物很少。政府便以學校為街道命名，即現時的喇沙利道和書院道。新校於 1932 年 1 月 6 日正式開幕，至 1939 年，學生已增加至 1,060 人。

　　二戰爆發，喇沙書院校舍先後被徵用為軍事監獄及醫院；日佔時，又淪為日軍倉庫。校園於 1970 年代重建，而新校舍則於 1982 年 2 月 19 日由港督麥理浩爵士（Sir Murray MacLehose）主持開幕。當年師生對於校舍拆建問題意見分歧，最後由於翻新工程耗資龐大，修士決定拆卸重建。

1930 年代的喇沙書院校舍。
圖片來源：喇沙書院

喇沙書院 1946 年除夕聯歡紀念教職員合照。
圖片來源：喇沙書院

1959 至 1960 年，喇沙小學師生於喇沙書院校舍內合照。
圖片來源：喇沙書院

喇沙書院運動場跑道正式啟用，攝於 1981 年 11 月 19 日。
圖片來源：喇沙書院

左起：鄭保瑛博士、李子建教授、馮惠珍女士、譚瑪士修士、唐煥星校長、楊慧女士

受訪者	🔲 譚瑪士修士（Rev. Brother Thomas Lavin F.S.C.），1943年出生於愛爾蘭，1960年加入喇沙會，1965年來港任教喇沙書院，1984年被派到尼日利亞服務，1999年回港並於翌年出任喇沙書院第十任校長至2004年。喇沙書院校監、喇沙小學及陳瑞祺（喇沙）小學校董。
訪問者	🔲 李子建教授
訪問日期	🔲 2020年11月26日

🔲 請使用手機掃描此二維碼，觀看本節訪問的詳細錄影。

初到香港

譚瑪士修士於1965年從愛爾蘭來到香港，當時由啟德機場到學校的車程只需五、六分鐘。譚修士到達校園山坡上，看到眼前建築物彷如一座空中城堡：前方有一個大圓頂，支柱直達地面，其下是一座漂亮的禮拜堂；

1970 年代，喇沙書院校舍。
圖片來源：喇沙書院

　　放眼望去，九龍全貌盡收眼底。當時校長是來自捷克的嘉錫美修士（Rev. Brother Casimir Husarik F.S.C.），1933 年已來到喇沙。小學校長則是彭亨利修士（Rev. Brother Henry Pang F.S.C.）。當時香港對學位需求甚殷，修士們便設立一所夜校；另有宿生部，為有志成為修士的學生而設，由一位修士負責，但只有三、四位宿生。

舊日的城市

　　當時交通並不發達，喇沙大部分學生來自學校附近社區，包括九龍塘和九龍城。譚修士憶述他對舊日九龍城的印象：從學校天台眺望，九龍城山上滿是寮屋；而寮屋區也有很多山寨工廠，生產那些他在愛爾蘭常見的價廉物美香港貨品。他另一段難忘的記憶，就是黃大仙和慈雲山的徙置屋邨。原來喇沙不少學生也來自這些徙置區。當時他組織學校足球隊，但大部分隊員因家中窮困，沒有電話。每次要約他們集訓，便只能通知小部分家有電話的學生，再由他們轉告其他同學。由此可見，當年雖然資源匱乏，但濃濃的人情味足以彌補物質的不足。

聯校活動和比賽

喇沙學生也很熱衷聯校活動。同區的瑪利諾修院學校現在為全女校，但早期也曾招收小學男生，部分轉到喇沙升學。喇沙與瑪利諾的最大聯繫便是聯校活動，男生們尤其熱心籌辦，總會拿着建議書到校長室見譚修士。他會問他們：「對方是聖若瑟書院？還是哪一所男校？」而他們的答案總是：「不！是瑪利諾！」

譚修士説喇沙有深厚的運動傳統。以往喇沙只專注於最擅長的足球和田徑項目，當時足球比賽對手很多，而田徑項目主要對手則是拔萃男書院。談到比賽對手，譚修士提及一所現已不大為人熟悉的學校——聖佐治學校（St. George's School）。該校位於現時浸會大學對面，是一所英軍子弟學校，學生大多為歐籍。兩校運動隊經常進行比賽，是極佳的練習對手。

新校舍與李嘉誠

1970 年代，校舍質量問題令校長賴斐爾修士（Rev. Brother Raphael Egan F.S.C.）十分苦惱。他希望把舊校舍拆掉重建，而商人李嘉誠先生對該計劃極有興趣，並建議只要學校把界限街一塊土地出讓，便願意承擔興建新校舍的所有費用。為此，譚瑪士修士與賴斐爾修士一起到半島酒店跟李先生會面。譚修士的憶述中，當時雙方從未提及建築費用。李先生只是不斷談及要興建一所一流學校的宏願，非為商業利益。李先生還説：「儘管興建你們理想中的校舍吧，不用擔心其他。」

結果，新校舍有了一個符合奧林匹克標準的游泳池，更添置了不同高度的跳板和歐米茄觸控計時系統。1976 年時，全愛爾蘭還未有這種規模的游泳池呢！而足球場則以人造草坪代替真草，操場跑道足夠四百米長，符合正式規格。此外，還有一個體育館和兩個壁球場。整個重建工程非常成功，李嘉誠先生確是全心全意為喇沙建造一所一流校舍。然而，譚修士仍不時懷疑當初的決定是否正確。假如沒有拆掉山上的城堡，它肯定會成為香港一個重要地標。

此外，譚修士還記得，足球隊曾於 1978 年 8 月應邀到日本交流。當時，他們也想順道到鹿兒島，探訪當地一所著名的喇沙會學校。由於所費不菲，而校園重建計劃正進行得如火如荼，譚修士便親訪李嘉誠先生的辦公室，向他提出這交流計劃。李先生二話不説就把支票簽好，贊助他們。

喇沙的傳統和價值觀

譚修士憶述説，他初來香港時，喇沙仍是一所由修士管理的學校。教師是修士的同工，備受尊重，但沒有要求他們擔負其他角色。這種想法到了 1970、80 年代開始轉變。修士會與教師分享他們的使命；教師不必成為修士，但應要接受修士的價值觀：信仰、服務、社群（Faith、Service、Community），英文縮寫為 FSC。FSC 剛巧也是修會拉丁文名稱 "Fratres Scholarum Christianarum" 的縮寫。學校會為新教師安排喇沙式的迎新計劃，再配合包含各種喇沙主題的專業培訓，以及海外培訓的機會。

半世紀的情誼

譚修士來港轉眼已有 50 多年。受訪前不久，他和當年任教的首班學生（1B 班）相聚。他們在 1970 年畢業，2020 年剛好是金禧紀念。學生們散居世界各地，但大部分仍有聯絡。喇沙畢業生的一大特色正是對學校強烈的歸屬感。説到班上名人，當然要數滙豐銀行大班王冬勝先生。他也有出席該次聚會，還應同學要求，在他們的鈔票上親筆簽名留念。

創知中學

創知中學原名「勞工子弟中學」（以下簡稱「勞校」），位於何文田公主道，由香港勞校教育機構有限公司於 1946 年創辦。二次大戰結束後，工人子弟失學問題極為嚴重。1946 年上半年，香港 21 個主要行業的工會組成「港九勞工子弟教育促進會」（後易名為「港九勞工教育促進會」，簡稱為「勞教會」），向社會各界呼籲，支持籌辦勞工子弟學校；同年，終於成立第一所勞工子弟學校。到了 1948 年，勞教會相繼在各區開辦了 12 所勞校，共設 63 班，學生 2,043 人。

1949 年 5 月 20 日，教育司突然通知，以勞校校舍乃「不合適校舍」為名，向勞校停止發放津貼，並吊銷牌照，要求強制解散學校，引發工人、家長和師生的「護校運動」。港督最後決定保留五所規模較大的勞校，並委派五名人士入駐勞校當校長，以及成立新的管理委員會。

1950 年 6 月，教育當局把旺角勞校校舍交還業主，旺角勞校被逼遷。勞教會便向政府申請撥地建校，同時發起賣花籌款活動，共籌得資金 28 萬多元，創下當時香港賣花籌款新紀錄。1951 年 4 月 29 日，旺角楠道（今天的何文田公主道）校舍正式啟用。

隨着社會及學校發展，勞校學生已不只是勞工子弟，因此，勞校於 2018 年 9 月易名為「創知中學」。

1973 年，旺角勞工子弟學校校友林文輝先生中學三年級畢業證書。
圖片來源：林文輝先生

左起：黃晶榕校長、鄭保瑛博士、
莊澄先生、李子建教授、林文輝
先生

受訪者	◤ 王國興先生，1959 年入讀旺角勞工子弟學校，曾任立法會議員、市政局議員及港島東區區議會議員及副主席，2013 年獲頒銅紫荊星章。
	◤ 林文輝先生，1965 年入讀旺角勞工子弟學校，1985 年回校擔任中學老師至 2016 年，曾任市政局議員及黃大仙區議會主席，2020 年獲頒銅紫荊星章。
	◤ 莊澄先生，1967 年入讀旺角勞工子弟學校，資深電影監製、編劇及出品人，寰亞綜藝集團聯合創辦人，曾任集團副主席及行政總裁，參與製作超過 100 部電影，包括《無間道》、《天下無賊》和《雲圖》等。
	◤ 黃晶榕博士，2016 年出任勞工子弟中學（現創知中學）校長，同時兼任北京師範大學、香港中文大學、香港教育大學、澳門城市大學、曲阜師範大學的客座教授、講師和中國教師博物館榮譽館員等。
訪問者	◤ 李子建教授
訪問日期	◤ 訪問於 2020 年 12 月 1、2 及 10 日分三次進行，首次包括林文輝先生及黃晶榕博士，第二次包括王國興先生，第三次包括林文輝先生及莊澄先生。

◤ 請使用手機掃描此二維碼，觀看本節訪問的詳細錄影。

1940 年代，旺角勞工子弟學校位於彌敦道的校舍。
圖片來源：創知中學

學生時代的生活狀況

　　王國興先生是越南華僑，初來香港時，住在尖沙咀加連威老道。父
親在尖沙咀金馬倫道後巷擺檔，是持有所謂「靠牆牌」的小販。王先生每
天乘車上學，放學則步行回家，省下車費來買書和心頭好。而林文輝先生
當年住在黃大仙廟旁的公屋，那兒曾舉辦過騰龍墟跳蚤市場，現已拆卸。
林先生每天早上四、五時會先上慈雲山打拳，或到巴富街打籃球，然後上
學；放學時會經過很多同學居住的寨城。至於莊澄先生當年住在觀塘道聖
若瑟英文小學上面的木屋，現已鏟平。他每天要從半山步行 20 多分鐘到
山腳彩虹邨，乘校巴上學。

王先生指出，現
時勞校周遭高樓大廈林
立，但當時整個何文田
山卻遍佈層層疊疊的木
屋和石屋。有些同學住
在偏僻的九華徑木屋，
有些則住在慈雲山山坳；
暴風雨來時，他們的房
子往往首當其衝，備受
破壞。風雨固然可怕，
但火災更令人喪膽；整
座山給燒得通紅，焚燬

旺角勞工子弟學校校友莊澄先生學校旅行照片。
前排左一為莊先生。
圖片來源：莊澄先生

淨盡。不過，思苦憶甜，當年也有些值得回味的樂事。林先生記得，巴富
街以前那片山頭，便是他們放學後玩「捉嘜嘜」的樂園。「捉嘜嘜」的玩
法很簡單：先將一個舊罐頭拋到山上，指定由某人撿回來，其他的就趁機
躲起來，像捉迷藏一樣。當然，世事滄桑常變，那裏至今唯一不變的地方
就是英皇佐治五世學校。莊先生更補充說，學校旁邊的聖約翰救傷隊九龍
總區總部，以及學校對面的教堂，至今猶在，也同樣沒變；此外，他們也
見證過新法書院的興建。

入讀勞校過程及工人夜校

王先生憶述當年入讀勞校的經過。原來他父親有一位很稔熟的司機友
人，是「汽車交通運輸業總工會」（當時名為「摩托車業職工總會」）的會
員。他親自寫保送書，推薦王先生兄妹投考勞校。至於林先生亦是工人子
弟，父親在工會工作；不過，也要工會寫介紹信，證明他是貧困子弟、工
人子弟，方可入讀。

林先生中五畢業後成為臨時教師，在慈雲山勞校五金工人夜校任教。林
先生那時只有 19 歲，教小二，但班上很多學生已 4、50 歲，大多是漁民或工

1960 至 70 年代，旺角勞工子弟學校的金工課。
圖片來源：創知中學

1960 至 70 年代，旺角勞工子弟學校的電工課。
圖片來源：創知中學

廠女工；他們小時候沒有機會上學，接近文盲程度。工人夜校就是為了教導
一些目不識丁或文化水平很低的人。林先生曾教授過三姊妹，從小二到中學
會考；她們畢業後，還回夜校當文員，可見當時夜校教育多麼重要。

勞校課程特色和「五愛教育」

當年勞校提供的課程只到中三，大部分學生中三後便投身社會，因此
學校盡量培養學生的謀生能力。林先生記得，他們小學五年級時要學習電
工，包括：安裝電燈、修理電線等；中學時更有金工課程。王先生補充説，
這正是勞校的特色，好讓同學畢業後有一門手藝；當年男生有車打班（車
床打磨）和電器班，女生則有縫紉班等。

勞校十分注重「五愛教育」。林先生解釋，「五愛」就是「愛國家、愛
人民、愛勞動、愛科學、愛公共財物」。因此，學生要幫忙清潔飯堂、輪
值煮飯和洗碗，甚至要早上四、五時回校輪值做麵包；偶爾還會到工人醫
療所服務，年尾時也會到工會幫忙賣臘味和計數。當時學校只有一、兩名
校工，所有清潔工作均由學生負責。大家明白學校要盡量節約，方可在政
府壓迫下繼續辦下去，這完全是發自內心愛護學校的表現。

愛國教育方面，林先生印象最深刻的，就是 1970 年代的乒乓外交。
當時中國乒乓球運動員莊則棟奪得世界冠軍，全校上下非常開心、興奮。
莊則棟途經香港時，更應邀到校表演，學生、家長和工會的人便在竹棚搭
成的戶外看台觀看，氣氛異常熱烈。

熱愛學生的師長

勞校早年的營運非常困難，建校和營運均要依靠籌款。王先生説，
他能夠豁免學費上學，也全靠籌款所得。據他所知，當時勞校老師的月薪
約為其他學校老師的一半多一點。儘管如此，他們仍願意留校授課，自己
節衣縮食，還要請三餐不繼的同學吃飯、吃麵包。有一段時期學校經費不

1971 年，中國乒乓球代表團於旺角勞工子弟學校表演。
圖片來源：創知中學

足，政府又不肯資助，老師雖然沒有工資，但仍堅守崗位，教導學生，十
分難得。

與社區的關係

　　黃晶榕校長介紹了 1946 年創立的勞校以至 2018 年 9 月 1 日易名後的
創知中學與社區的關係。勞校和傳統工會的聯繫非常緊密，香港工會聯合

會（簡稱「工聯會」）歷屆負責人都是勞校校董；勞校與工聯會多個屬會
也有密切聯繫，學校不少活動，如籌款、招生、宣傳等，他們也會提供協
助。正因如此，很多人便誤以為工聯會是勞校的辦學團體。其實，勞校的
創立比工聯會還要早兩年。此外，與勞校有緊密聯繫的，不少為傳統的愛
國團體，如：廣東社團聯會、福建社團聯會、各大中資機構，以及各地的
同鄉會、友好協進會、人大和政協等。最後，當然還有不少教育界團體，
如教聯會、教評會等；就以黃校長為例，他既是九龍城區中學校長會執
委，亦擔任直資學校議會執委和其他校長組織的顧問。

四、紅磡

紅磡位於九龍半島東南部，最早名為「大環」，歷史久遠，很早已有
紅磡、鶴園、土瓜灣三約，以前還有紅磡村、老龍坑村和鶴園村。那兒是
臨海地區，也有不少農田，居民以漁民、農民及打石工人為主。1860 年
代，政府已開始發展紅磡成為工業區，黃埔船塢、青洲英坭廠、中華發電
廠以及其他廠房相繼建成。1866 年，香港黃埔船塢公司在香港註冊。鄭寶
鴻指出，黃埔船塢當年在紅磡聘請了很多人，幾乎紅磡村所有村民都在船
塢工作；而紅磡很多街道亦以黃埔船塢大班的姓氏來命名，例如戴亞街。
到了 1889 年，該區設有公共街市，當時名為街市街，即以前的大街，今
天的蕪湖街。1898 年，青洲英坭廠在鶴園設廠；而在 1901 年左右建於現
在愛民邨下方的中華電力廠（由英國商人羅拔西溫成立，後來嘉道理家族
入資），亦於 1921 年遷至鶴園。雖然當時大部分人仍使用火水燈，中電已
開始設立電街燈，亦促進了影畫戲院的發展。由於紅磡地理環境優越，政
府曾於 1924 年打算將紅磡發展為運輸中心，還考慮將九廣鐵路總站搬到
紅磡。然而，到了 1975 年，九廣鐵路總站才遷到紅磡。戰後紅磡正如香
港其他地區一樣，人口激增。因此，1954 年間，政府開展了觀音山平整工
程，挖出的泥沙則用於紅磡灣填海；1956 年，政府更建成大環山徙置區，

位於紅磡的香港黃埔船塢有限公司，約攝於 1927 年。

圖片來源：政府檔案處歷史檔案館

1965 年，於紅磡舉辦的工展會。

圖片來源：鄭寶鴻先生

後改名為大環山邨。紅磡作為早期的工業區，當時市區的人很少到訪；正如鄭寶鴻憶述，他第一次到紅磡正是 1963 年的工展會。工展會在紅磡新填地先後舉辦了七屆，會場就在現時海底隧道出入口，每次都有一、二百萬人進場，相信有助將新填海的土地踩平踏實。紅磡海底隧道建成後，紅磡亦隨即蓬勃發展起來。

聖公會聖提摩太小學

聖公會聖提摩太小學（以下簡稱「聖提摩太小學」）由聖公宗（香港）小學監理委員會管轄，屬全日制資助小學，以「非以役人，乃役於人」為校訓，實踐基督教全人教育的理想。

聖公會開辦小學的淵源，可追溯至香港被佔初期。當時，英國聖公會屬下的海外傳道會（Church Missionary Society，中文譯名亦稱「教會傳道會」，或俗稱「西差會」）委派傳教士東來，其中白思德（Harriet Baxter）在港島西區，開辦女子學校和歐亞混血兒學校，收容失學的貧困兒童及促進女子教育；多所以白思德為校名的學校（Baxter Vernacular Schools）亦相繼開辦，大部分以民宅為校舍。白思德於 1865 年因病離世，其教育事業由莊思端（Margaret Johnstone）等傳道人接辦。1876 年，白思德學校遷往荷李活道聖馬太堂，改稱「聖馬太小學」，為香港第一所聖公會小學。1887 年，教育服務拓展至九龍，創辦「土瓜灣聖公會學校」，即聖提摩太小學前身，也是聖公會九龍區第一所小學。

戰後初期，學童人數大增，何明華會督邀請施玉麒牧師帶領復校工作，先後復辦八所聖公會小學，包括港島五所，九龍三所。其中聖提摩太小學於 1957 年搬至九龍紅磡鶴園街 14 號現址，2003 年更完成校舍新翼擴建工程，並於同年成功向教育局申請新校舍。新校舍位於現有校舍對面（鶴園街 19 號），並於 2007 年正式投入服務，落實一校兩舍全日制上課模式。

左起：李子建教授、謝振強先生、
黃燕明女士、林斯初校長

受訪者	<ul><li>謝振強先生，1955 年入讀聖公會聖多馬小學，後回母校任教十年，並於多所聖公會小學擔任校長職務。聖公宗（香港）小學監理委員會有限公司總幹事。</li><li>黃燕明女士，1968 年於聖公會聖提摩太小學畢業，曾任教迦密中學和聖公會何澤芸小學（前身為聖公會思晃小學），後來先後於聖公會基德小學、聖公會天水圍靈愛小學和聖公會仁立小學擔任校長職務，至 2015 年榮休。</li><li>林斯初先生，聖公會聖提摩太小學校長。</li></ul>
訪問者	<ul><li>李子建教授</li></ul>
訪問日期	<ul><li>2020 年 11 月 26 日（與聖公會聖多馬小學校友兼前老師謝振強先生同時接受訪問）</li></ul>

- 請使用手機掃描此二維碼，觀看本節訪問的詳細錄影。

聖提摩太小學早年情況

　　林斯初校長說，舊校舍
有 63 年歷史，某些設施及
建築保留至今，讓畢業生回
校時可以回味當年上課的情
景。謝振強先生補充說，目
前二、四、六年級沿用舊校
舍，而一、三、五年級則在
新校舍上課；這樣安排是讓
兩所校舍都有高年級學生擔

1957 年，聖公會聖提摩太小學於紅磡鶴園街 14 號校舍舉
辦開幕日。
圖片來源：聖公會聖提摩太小學

任風紀。此外，當年何明華會督還設立聖公會宿舍，特別為聖提摩太小學
和聖多馬小學貧苦又沒有親人照顧的學生而設，大概可容納 30 人。宿舍
設於學校附近的唐樓，大多是租用大廈天台下層，其中聖提摩太小學的宿
舍位於土瓜灣啟明街。

聖提摩太小學與社區

　　黃燕明女士認為，聖提摩太小學是通過聖馬可堂來維持與校友的聯
繫，因為小學和聖馬可堂相連。堂會經常籌辦活動，讓家長和附近居民參
加，還組織團契；有時晚上亦會借用聖提摩太小學禮堂聚會。聖馬可堂搬
遷後，聖提摩太小學與附近的聖匠堂保持緊密聯繫。對基督教學校來說，
與聖堂緊密合作非常重要。林校長指出，現在仍有不少團體查詢能否與學
校合作舉辦活動，學校也曾參與派飯給長者或有需要街坊。此外，學校亦
會運用教會網絡，如教會轄下的綜合服務中心和社工，協助區內有需要的
基層人士。這些互動能讓學生關懷社區中有需要的人，並由此明白自己原
來已非常幸福。此外，謝先生記得，當年政府興建了一座校舍，設計與一
般官立小學相若，原供九龍船塢紀念學校作擴建之用，但由於當時需要發

展師範教育，便改作柏立基師範專科學校，以培訓教師。柏立基師範專科
學校剛好在聖提摩太小學對面，每當需要進行教學示範和實習時，便到小
學帶學生到那邊上課，足見兩校的關係十分密切，該校舍現已成為聖提摩
太小學一校兩舍的一部分。

1957 年，聖公會聖提摩太小學新校舍啟用典禮。
圖片來源：聖公會聖提摩太小學

1957 年，聖公會聖提摩太小學第一屆畢業生合照。
圖片來源：聖公會聖提摩太小學

五、深水埗

　　1819 年，《新安縣志》已有記載深水莆（早年亦稱「深水埔」，後才叫做「深水埗」）及長沙灣。由於深水埗東部接近九龍塘村（即今日的又一村），有一條大水坑（即今天的大坑東及大坑西）通過 1910 年代在南昌街附近興建的明渠流出大海，加上在今天南昌街、海壇街和通州街之間有一座西角山，為該區發展造成一定障礙，因此深水埗在 1898 年之前仍屬於「邊境地帶」。1898 年，英國租借新界，港府把界限街以北的深水埗、荔枝角和九龍塘一帶歸入九龍市區，命名為「新九龍」。1902 年，從新界通往深水埗的大埔道建成，附近亦有大角咀船塢。1912 至 1918 年間，大角咀和深水埗進行填海工程，多座小山被夷平，建成大角咀道和塘尾道，並發展西九龍工業區。1924 年的地圖亦顯示了當時以格子形態發展的道路網絡和新建房屋。

　　石硤尾街至欽州街一帶可說是深水埗的舊區，早期的典型建築是「三層高附騎樓與支撐柱石的唐樓」[15]，下舖上居。1928 年，美國標準石油公司在荔枝角灣畔建造了美孚儲油庫，其後在 1966 年底開始改建為私人屋苑：美孚新邨。1950 年代，香港的布匹業逐漸遷移到深水埗，汝州街、大南街、鴨寮街到南昌街一帶從而變為布行區。二次大戰後，香港人口激增，石硤尾、白田、蘇屋、李鄭屋和大坑東、大坑西一帶佈滿木屋。1953 年聖誕節，石硤尾不幸發生大火，五萬多名災民無家可歸。香港第一個徙置區石硤尾邨於 1954 年落成，1960 年代起，蘇屋邨（1960-1963）、長沙灣邨（1963-1964）、元州邨（1969）、白田邨（1969-1979）等公共屋邨亦相繼建成。1950 年代，一班華商向政府提出興建「花園城市」[16]，作為繼戰前九龍塘花園市鎮後另一住宅建設項目，並取名為「又一村」。

---

[15]　鄭敏華、周穎欣、林綺雯：《深水埗故事：從社區公共歷史建築看地方發展史及其人文價值》。香港：深水埗區議會市區更新及歷史建築保育工作小組，2010 年，頁 24。

[16]　饒玖才：《香港的地名與地方歷史（上）：港島與九龍》。香港：天地圖書有限公司，2011 年，頁 315。

石硤尾谷寮屋區和石硤尾徙置屋邨的多層大廈，攝於 1958 年。
圖片來源：政府檔案處歷史檔案館

北河街一帶設有各式各樣店舖，
約攝於 1960 年代。

圖片來源：香港大學圖書館

英華書院

　　英華書院（Ying Wa College，以下簡稱「英華」）由倫敦傳道會宣教士馬禮遜於 1818 年在馬六甲創立，首任校長為米憐（William Milne）。1842 年，中英簽訂《南京條約》，香港正式割讓予英國後，倫敦傳道會總部隨即通知各地傳教士往香港集合。翌年，英華書院便遷往香港。時任校長為年輕傳教士理雅各（James Legge），而第一所校舍則位於港島荷李活道與士丹頓街交界。1856 年，礙於當時局勢，理雅各決定解散英華書院。沉寂半個世紀後，英華於 1914 年復辦；惟因租務問題，曾三度遷校。1924 年，三位華人教員承辦英華。1931 年，更增設英華小學。

　　香港淪陷期間，英華一度停課，惟於二戰後復課。1963 年，因學生人數日多，中學部遷至牛津道新校舍，小學部則隨後停辦。英華書院經過多年發展與改革，校譽日隆，在學術成績及課外活動兩方面均表現出色。2003 年，西九龍新校舍落成，英華復辦小學，落實「一條龍」的辦學模式；2008 年，更轉為直接資助辦學模式。

英華書院位於牛津道的校舍。
圖片來源：英華書院

梁錦松先生（左）及李子建教授

受訪者	◼ 梁錦松先生，前財政司司長，黑石集團（香港）有限公司前大中華區主席，南豐集團主席及行政總裁，新風天域集團主席兼聯合創始人，香港小母牛主席，惜食堂主席。
訪問者	◼ 李子建教授
訪問日期	◼ 2021 年 3 月 19 日

◼ 請使用手機掃描此二維碼，觀看本節訪問的詳細錄影。

童年回憶

　　梁錦松先生共有八兄弟姊妹。他唸小學時，父親利用積蓄在土瓜灣購置了「半邊公寓」，一家人便從上環搬進去。當年的「半邊公寓」是用磚牆將公寓分成兩戶，卻共用廚房和廁所，以及用同一大門進出。那時候，土瓜灣仍屬新發展區，而鄰近的紅磡則已很老舊。梁家附近有一座海心廟，四面環海，後來填了海，可以步行或騎自行車前往。梁先生記得曾在

新填海旁學騎自行車，某次還被其他車逼了下海。他曾在基督教香港信義會紅磡信義學校（1961 年成立）讀了兩年小學。該校當時是一所嶄新的半日制學校，不過活動空間不大。他喜歡打乒乓球，但學校乒乓球桌不多；小息時，他只好和同學跪在地上打球，把地面作球桌，中間放根橫木作球網，結果磨破校服絨褲，被媽媽罵了一頓。

升讀英華

梁先生小六時考升中試，需要填寫報讀學校。由於父母學歷不高，父親也很忙碌，他只好自己填表。他看見一間名叫英華的學校，心想名校的名字大都有個「英」字，便填報了英華，後來果然順利獲派到該校。當時（1963 年），英華書院剛由弼街搬到九龍塘牛津道，梁先生便到牛津道新校舍辦理註冊手續。

中學生涯

當年英華是按成績編班的，由 A 班排到 E 班。梁先生中一是 B 班，中二是 D 班，中三就被編在 E 班。他還記得中三的成績表可說是「萬紫千紅」，一半以上科目不合格。由於成績不夠好，升中四時老師不主張他選讀當時主流的理科，只好選讀文科。誰料塞翁失馬，選讀文科後竟讓他遇上多位好老師，好像中文科的陳耀南老師、中國歷史科的陳其相老師和地理科的高次湄老師。當時有所謂「英華三陳」（上述二陳和陳炳星老師）：三位文史造詣深厚的陳老師，大大提升了英華書院的文科水平。其時影印機尚未普及，學生要自己油印老師的筆記，尤其陳耀南老師的。他們先要把筆記抄寫在蠟紙上，用人力醮油墨，逐張印刷。此外，梁先生還記得英華每日上課前均有集會，宣揚基督教義。他心裏不少聖經金句就是這樣子潛移默化得來的。

梁先生中五會考成績只有一 B 一 C，未能進入英華首輪中六收生名

英華書院的管弦樂團於 1966 年正式成立。圖為 1968 年 11 月 11 日，畢業禮上音樂演出，指揮為文理女士。

圖片來源：英華書院

單。那時候，他年僅 16 歲，未夠年齡工作，自然萬分徨惑，忍不住在學校操場放聲大哭。當時陳耀南老師是副校長，見他哭得可憐，便向校長艾禮士（Terence Iles）求情，說他只是一時失手，建議讓他升讀中六，校長最終亦答應了。梁先生自此發奮圖強，但由於家裏人口太多，讀書環境不理想，他便向學校請求在學校廚房留宿，結果學校允許他在廚房安放一張尼龍床。當時梁家已經遷往觀塘，就這樣，他每天放學後，先回觀塘家吃飯、洗澡，再乘巴士趕返學校溫習，晚上就在學校廚房睡覺，醒來便上課。這種生活持續了兩年；兩年後，他在香港高級程度會考中，獲得三 A、一 C 和一 E，成功考進香港大學，主修經濟，副修統計。

感念良師

　　英華的老師不單個人學養極高，更能引發學生的學習興趣，令學生願意深入鑽研。梁先生清楚記得，中四時陳耀南老師安排的暑期作業，就是讓學生找一個自己喜歡的題目做研究。梁先生選了宋詞這個題目，便在社區中心圖書館埋首鑽研，終於完成了一篇厚厚的暑期報告，給陳老師評為甲＋。梁先生至今還好好保存這份報告，可見受教於良師，學生除了有不少美好的回憶外，終身更會受用無窮。

聖公會聖多馬小學

　　聖公會聖多馬小學（以下簡稱「聖多馬小學」）為全日制資助小學，與聖提摩太小學同受聖公宗（香港）小學監理委員會管轄，並同以「非以役人，乃役於人」為校訓。聖多馬小學由英國宣教士何理士（Hollis）於 1924 年創立。二次大戰香港被日軍攻佔後，學校亦告解散。戰後，施玉麒牧師於 1950 年在長沙灣道租賃樓宇復校；1952 年，獲政府批予石硤尾南昌街空地興建新校舍，原來校舍則改為宿舍，供於聖多馬小學下午班就讀之孤兒入住。南昌街校舍樓高四層，學生主要來自低下階層，尤其木屋區失學兒童，故廉收學費。校舍於 1953 年 5 月 2 日由時任輔政司柏立基主持啟鑰禮，可容納學生 1,000 人。聖多馬小學採

聖公會聖多馬小學學生修改由美國送來的衣服，攝於 1958 年。

圖片來源：聖公會聖多馬小學（鳴謝：謝振強先生）

用上下午班制度，上午班主要培育學生繼續升上中學，下午班則增加各種專門學科，男生授予電工、木工、油漆、印刷等技術，女生則開設縫紉、洗熨及育嬰等項目，讓他們有一技之長，以便日後投身社會。1953 年 12 月 25 日石硤尾寮屋火災現場，正位於聖多馬小學對面。南昌街校舍沿用了 58 年，至 2011 年才遷往位於深水埗東沙島街的千禧新校舍。

李子建教授（左）與謝振強先生

受訪者	◼ 謝振強先生，1955 年入讀聖公會聖多馬小學，後回母校任教十年，並於多所聖公會小學擔任校長職務。聖公宗（香港）小學監理委員會有限公司總幹事。
訪問者	◼ 李子建教授
訪問日期	◼ 2020 年 11 月 26 日（與聖公會聖提摩太小學校長林斯初先生及聖公會聖提摩太小學校友黃燕明女士一同接受訪問）

◼ 請使用手機掃描此二維碼，觀看本節訪問的詳細錄影。

聖多馬小學早年情況

1950 年代，香港很多學校都設於唐樓內，沒有操場和禮堂等設施。聖多馬小學則自建校舍，有 12 間課室和一個操場，到了星期日，又把樓下三間課室打通成為禮拜堂，後來更在校舍旁興建一座禮拜堂連在一起，同時增建課室至 18 間。[17] 聖多馬小學可謂麻雀雖小，五臟俱全，為當時深水埗區罕有極具規模的學校。

聖多馬小學當時安排上午班學生應考小學會考，下午班則着重工藝學習，好讓家境貧困而無法升學的學生學習一門手藝，為將來投身社會作好準備，構思與後來的實用中學相近。謝振強先生就讀四年級下午班時，男女生都要學習修補衣服、開鈕門等；五年級時，老師還教授如何用鐵皮、粗鐵線製作枱燈，以及用漆皮線、鐵皮製作電動摩打等；六年級時，更要在工藝課上學習印刷、執字粒、印刷簿本和單張等，學校還特地聘請一名師傅協助授課。

1950 至 60 年代聖多馬小學學生的生活水平

謝先生就讀聖多馬小學時，學生大多出身貧苦，所以沒有規定要穿校服。謝先生表示，當時社會普遍貧窮，極為需要慈善服務。因此，學校會不時派發外國捐贈的舊衣服，以及罐頭、牛油、奶粉、白米、梅菜、午餐肉等食物。他們還獲發一張卡，每日可到石硤尾一間中心領取牛奶和餅乾作早餐或下午茶。大約在 1960 年，何明華會督更構思了營養餐，以照顧窮困家庭。當時學校和一位經營飯店的家長聯絡，請他每天提供一頓飯菜和一份水果給有需要的學生，收費一毫，而派餐地點就在石硤尾 J 座（後改稱 21 座）天台。沒有家長照顧的下午班學生早上可以先到那裏，學校聘

17　根據謝先生解釋，最初課室加建至 17 間，但由於課室未能完整分配至六個年級，因此後來徵用一間特別室，把課室增至 18 間。

1950 年代聖公會聖多馬小學畢業典禮。
圖片來源：聖公會聖多馬小學（鳴謝：謝振強先生）

聖公會聖多馬小學新校舍動土禮，攝於 1952 年 11 月 15 日。
圖片來源：聖公會聖多馬小學（鳴謝：謝振強先生）

請了一位職員指導他們功課及照顧他們。營養餐於上午 11 時開始派發，下午部學生吃過後便上學，上午部學生則於放學後到來用餐。天台晚上更會開辦「少年會」，讓街童到那裏看書、打乒乓波、下棋等。營養餐後來交給了童膳會負責 [18]；而隨着社會日益富裕，營養餐漸漸式微，童膳會最終停止營運。

謝先生憶述在聖多馬小學任教時，電話並不普及，點名簿內全班只有三、四名學生有電話。當時他是訓導主任，有事需要通知家長很不容易。鑑於大部分學生住在石硤尾，他便用一本硬皮簿，記下居住在不同座數不同樓層的學生名字，請大家互相轉告。那時候，鄰里關係相對較為融洽緊密，大家都樂意協助，效果十分理想。石硤尾外，學生也有住在附近福華街、福榮街的唐樓，甚至雞公山的木屋。當時老師會定期探訪學生，藉以了解他們的生活環境；可惜，後來治安不靖，為安全計，學校取消了家訪。

聖多馬小學與社區

聖多馬小學與石硤尾社區的關係非常密切。1953 年石硤尾六村大火，大量災民流離失所。當時聖多馬小學不少學生家園被毀，學校便讓他們在學校暫住。晚上，大家把數張桌子併在一起作睡床，翌日早上再還原為課室。學生不用露宿街頭，對學校的照顧關懷，自然衷心感激。那時聖多馬小學校舍剛好落成，是區內較高的建築物，四樓是天台，很多外國人和本地人會走到學校天台視察災場。後來，木屋區變成兩層平房，再發展成七層大廈（最初叫徙置區，後來改稱新區），最後更變成 Y 型公屋大廈。滄海桑田，謝先生也由學生變為老師。任教後，校長黃羨雲法政牧師曾舉辦一個「幸福在明天」展覽，讓大家構想將來的石硤尾。他和其他老師提出了不少天馬行空的想法，例如：校門外興建天橋橫過馬路、每人有更大的居住空間等。想不到，一些構思後來都成真了。

---

[18] 謝先生解釋，當時何明華會督開展了一些工作，上軌道後很多時候會讓政府或志願團體接手。

香島中學

　　香島中學（以下簡稱「香島」）是由一群知識分子於 1946 年創辦的愛國學校，位於九龍窩打老道 72 號。該校亦是中華人民共和國成立後，全港最先升起五星紅旗的學校之一。「緊握手中筆」是香島的校徽，也是香島精神的標誌，寓意知識改變命運，知識就是力量。

　　1947 年，香島於九龍運動場道 15 號新址建立中學部，原址則用作小學部，學生數目亦由 310 多人增至 700 多人。1956 年，學校在九龍大坑東桃源街新建校舍，用作正校，運動場道校舍則改為分校。同年 10 月 10 日發生暴動，正、分校均遭破壞，正校校舍更被焚毀。幸而在中國內地、港澳及海外各界愛國人士捐款支援下，正校得以修復重開。

　　香島一直重視與內地學校的交流，不時組織師生代表團回內地研習及作文化交流，加深對國家的認識。國內遭受自然災害時，如 1991 年華東水災和 1996 年雲南地震，全校師生更慷慨解囊，積極籌款賑災。1995 年 10 月，第一所由香島中學師生、校友和家長集資興建的希望工程學校 —— 南雄香島希望小學落成，香島傳統辦學精神由是得以傳播至魯北南雄山區。2000 年初，香島教育基金會成立，在內地捐助了 13 所希望工程學校，遍及青海、陝西、廣東等不同省份。

　　今天的香島中學，除了於 1994 年完成重建的大坑東正校外，還有兩所分校，分別為 2001 年在天水圍開辦的直資中學天水圍香島中學，以及 2003 年落成的將軍澳香島中學。

左起：李子建教授、袁武先生、
黃頌良校長、黎漢明先生

受訪者　■ 袁武先生，1960 年於香島中學畢業，香港
　　　　　中華總商會永遠榮譽會長；曾任招商局集團
　　　　　有限公司副總裁、香港特別行政區籌備委員
　　　　　會委員，亦曾任全國政協委員、全國人大代
　　　　　表及全國人大香港代表團團長。

　　　　■ 黎漢明先生，1972 年於香島中學畢業，香
　　　　　港中樂協會理事長、香島長青中樂團團長、
　　　　　香港道樂團董事、香港文化舞劇團董事與中
　　　　　國民族民間文化藝術交流協會理事。

　　　　■ 黃頌良博士，1985 年於香島中學畢業，香島
　　　　　中學校長。

訪問者　■ 李子建教授

訪問日期　■ 2023 年 11 月 3 日

■ 請使用手機掃描此二維碼，觀看本節訪問的
　詳細錄影。

在香島的大家庭中成長

　　袁武先生於 1950 年入讀香島小學，全因為他的姐姐滿懷愛國熱忱，選擇到香島求學，他也因而順理成章地追隨，成為香島學生。而黎漢明先生當年本來考進了諾貝爾書院，由於任職國貨公司親人的影響，加上當時爆發五月風暴 [19]，而香島的形象正氣，他便毅然於 1967 年到分校就讀中一。黃頌良校長也是受到充滿愛國情懷的父母所影響，和哥哥一起受教於香島，從幼稚園讀至大學預科畢業。

　　袁先生當時住在黃大仙，每天徒步上學。當時的男生校服是白衫藍褲，扣上校徽。黎先生談到上世紀六十年代末到七十年代初，香島、漢華、中業等這類左派學校的校服基本上都是白衣藍褲，只有培僑是白衣灰褲。1970 年代末，隨着內地改革開放，香島的校服也多了變化；運動服如今更是多姿多彩，不但依學社分成紅黃藍綠四色，每個校隊的制服也不盡

昔日的窩打老道校舍。
圖片來源：香島中學

---

[19]　備註：即反英抗暴運動，是一場由勞資糾紛引發而席捲全港的反抗英國高壓殖民統治的工人運動。

相同。校服的演變既反映了學校的悠久歷史，也成為一代又一代學生的集體記憶。

課餘生活平衡「學習」與「活動」

母校豐富多樣的課外活動，對學生的學習和成長亦有深遠影響。袁先生在學時，各班也會組織郊外旅行，目的地為牛池灣（現為坪石村）、紅梅谷等。香島學生的體育運動成績亦很驕人，在不少校際比賽中名列前茅，如籃球、體操、三級跳等；其中香島學生所創的三級跳紀錄更保持了十多年。黎先生則在中二開始參加學校樂隊，那時的課餘生活就是排練，校園滿是濃厚的音樂氛圍。香島在 1970 年參加校際音樂節，憑一首《賽龍奪錦》拿到 96 分高分，成功奪魁。黎先生 22 歲時，更獲香港政府選為香港精英，代表香港前往世界各國表演。他回憶道，當年到英國表演的 54 人之中，就有 13 人來自香島，包括樂團首席；他們回港後更獲政府頒發「赴英演出　表現突出」獎項。

黃校長坦言由於近年教育改革壓力大增，學生在學習上需要更多時間，課外活動因而沒有過往般活躍。不過，隨着學生從小學升上中學，學校亦將更多元化的興趣活動帶入校園，例如保齡球和跳繩等。

源遠流長的家訪傳統

回味在香島的學生歲月，最讓校友動容的，始終是濃得化不開的師生情義。袁先生憶述，當年許多貧苦學生甚至湊不足學費。除了校方減免一些費用，老師們對學生更視如己出，即使工資微薄，也會騰出部分來幫助同學。黎先生認為，香島老師的言傳身教，才是真正的教育。記憶中，曾有老師獲其他學校高薪禮聘，最後還是寧願留在香島。黃校長補充說，老師亦會教導同學養成儲蓄習慣，每天存點錢用來繳交學費。不過，令他印象最深刻的，卻是當年老師會和學生一起探望家境困難的同學，幫助他們

1947 年，香島中學開始使用運動場道校舍。

圖片來源：香島中學

1957 年體育表演會。

圖片來源：香島中學

做些家居維修，以及問候他們的家人，從而培養出香島家、校、同學之間互助互愛的精神。

香島的家訪傳統延續至今，也成為家校緊密合作的橋樑。現在中一新生開學約一個月，即十月份，老師就會進行家訪，藉以了解學生家中的基本情況和經濟條件，而家長也可增加對校方和老師的了解。雙方加深信任，一同為孩子的教育奠定基礎。

厚植愛國情感

建校伊始，愛國主義教育一直是香島學習生活的主軸。從日常教學，到升國旗奏唱國歌，再到閱讀《文匯報》等愛國報刊書籍，還有每年熱鬧的國慶日活動等，處處洋溢這份愛國情懷。在袁先生就讀的年代，母校已鼓勵學生回內地升學，因為香島的高三課程與內地銜接，學生畢業後即可報考內地大學。成績稍遜的，也可先到內地的華僑補習學校進修一年，再報考大學。

黎先生記得，當年上課老師會講述「長征」、毛主席詩詞。很多人對「四渡赤水」毫無認識，但他和同學到貴州交流時，就會因為「遵義會議」而特地走訪遵義。他非常感謝香島的老師，若非昔日的教導，他們今天就感覺不到中國的進步。他經常到內地遊歷，沿途所見所聞，對國家日新月異的發展與變化，非常震撼，亦感動不已。

香島中學慶祝國慶之燈飾。
圖片來源：香島中學

1994 年，南雄香島希望小學新校舍奠基典禮。
圖片來源：香島中學

　　黃校長指出，香島的老師在教學時常常談及國家民族，潤物細無聲，學生的愛國情感油然而生。袁先生形容香島人對愛國愛港的堅持，是任憑風吹雨打也不會改變的。

我是中國人

　　談到今後如何加強愛國主義教育時，黃校長認為學校需要開拓更多方式，積極引入中國文化的元素，創造沉浸式的氛圍，讓學生深化對中國傳統文化及各地民俗風情的了解和認識，從而加強他們對中國人身份的認同。

　　黎先生曾擔任「社區文化大使」，以簡報形式介紹中國省份，包括：各省的省會、簡稱、當地民族特色及民俗音樂等，極受歡迎。而這也是推動愛國主義教育的方法之一。

　　袁先生也認為，香港的愛國主義教育應該更為突出，加以強調。他非常認同香島的發展緊扣國家和時代，並希望香島師生繼往開來，不僅對傳統中國文化充滿自信，對日益強大的祖國更充滿信心。

六、黃大仙

　　坐落於九龍東的黃大仙，與鄰近的鑽石山、新蒲崗、橫頭磡、竹園、慈雲山、牛池灣和彩虹等地一同劃分為黃大仙區。黃大仙一名來自區內的黃大仙祠，該祠主要供奉東晉道教的赤松仙子（本名黃初平，又稱黃大仙），同時強調儒、釋、道三教共尊。黃大仙是全港唯一沒有海岸線的地區，早年主要為鄉郊地帶。

　　衙前圍、竹園和莆岡於清初已建有鄉村部落；其後以客家人為主的牛池灣村和大磡村亦於清中葉相繼建立，居民以農業和採石維生。日治時期，因擴建啟德機場需要徵收大量土地，附近大批村落均受影響而要拆遷，當中包括：蒲崗村、沙地園、隔坑村和大磡村等，鄉村風味自此慢慢消失。

　　1940 年代起，鑽石山和大磡村一帶曾設有不少電影製片廠，如大觀片場和堅城片場等。此外，蒲崗村以南一帶於戰後開闢為新工業區，名為「新蒲崗」，成為製衣、塑膠、紙品和電子等輕工業的集中地之一。

　　當時大批內地移民湧進香港，許多聚居於新九龍，並在該處搭建大量臨時木屋。為了應付龐大的住屋需求，以及寮屋區的安全和衛生問題，政府推行公共房屋政策。1957 年，老虎岩徙置區和黃大仙徙置區先後落成。踏入 1960 年代，多個公共屋邨相繼入伙。隨着社區發展，文娛設施亦有增加，如：啟德遊樂場（1965-1982）和麗宮戲院（1966-1992）。1969 年，黃大仙正式成為地方行政區之一。

黃大仙祠前稱為「赤松仙館」，創立於 1921 年，位於九龍竹園村，並於 1956 年全面開放予善信參拜。圖片攝於 1978 年。

圖片來源：香港大學圖書館

昔日黃大仙徙置區內天台小學學童校外活動情景，攝於 1962 年。
圖片來源：香港特別行政區政府新聞處

左圖為 1960 年代位於新蒲崗彩虹道之啟德遊樂場，設有機動遊戲、戲院與攤位遊戲
等。啟德遊樂場結業後，附近一帶改建為文娛康樂設施與休憩空間等，右圖為現今
彩虹道遊樂場入口。
圖片來源：香港特別行政區政府新聞處、香港教育大學香港教育博物館

德望學校

　　1954 年，來自加拿大的聖母無原罪傳教女修會創辦德望學校，為修會在香港成立的第二所學校。校名取自聖經教導之三種美德「信、望、愛」，第一所學校名為「德信」，第二所因而命名為「德望」，寄寓希望之意，而校訓「禰是吾望」則表達耶穌基督是生命的盼望。

　　創校之始，該校只設有幼稚園和小學低年級，校址位於九龍窩打老道125 號；翌年，小學部遷至北九龍 3810 地段「德望崗」（即扎山道現址）。隨着學童人口不斷增加，學校的班級亦有所擴展。1957 年，德望學校正式開設中學部（以下簡稱「德望」），並招收中一和中二學生。

　　1960 年，德望成為受助私立學校，同時開始覓地擴建校舍，以容納更多學生，其後選擇了與小學部相鄰的清水灣道現址。1964 年，屹立於飛鵝山旁的三座主大樓落成。1974 年，德望首設預科班；翌年，學校總共開設36 班。1978 年，德望成為教育署資助中學。1980 年代，德望不再錄取男生，成為全女校。其後數度擴建校舍，以提供更完備的校園設施，包括增建游泳池和玻璃天幕圖書館等。

　　2002 年起，德望中學部轉為直資學校，小學部新校舍落成後重辦幼稚園，並於 2013 年註冊成為德望小學暨幼稚園，屬私立學校，二校三部門有共同理念及願景。德望學生素以學業成績卓越見稱，亦積極參與各類型課外活動，中學部與小學部更會定期聯合舉辦校內活動。

　　德望自創校以來，一直貫徹聖母無原罪傳教女修會的宗旨和辦學精神，以「愛心、希望、喜悅、感恩」為四個核心價值觀，傳承至今，培養學生成長。

左起：吳文華教授、姚潔貞女士、校長 Dr. Gary James Harfitt、李子建教授、周志洪副校長

受訪者	■ 吳文華教授，1969 年於德望學校畢業，曾任立法會秘書長。
	■ 姚潔貞女士，2007 年於德望學校畢業，前香港女子田徑運動員，香港女子馬拉松紀錄保持者，曾代表香港參與 2016 年里約熱內盧奧運會馬拉松賽事。
	■ Dr. Gary James Harfitt，德望學校校長。
	■ 周志洪先生，德望學校副校長。
訪問者	■ 李子建教授
訪問日期	■ 2023 年 11 月 3 日

■ 請使用手機掃描此二維碼，觀看本節訪問的詳細錄影。

德望學校早年於九龍窩打老道 125 號開辦幼稚園和小學。約攝於 1950 年代。

圖片來源：德望學校

校巴代步　不用翻山越嶺

　　德望學生的上學難題，全靠校巴解決。吳文華教授 1963 年入讀德望中一時，鄰近清水灣道山上的母校，遠離民居，只有小巴（編者按：相信是白牌客貨車，即公共小巴前身）才能抵達。不過，校方基於安全考量，規定低年級學生必須乘搭校巴上學，因此不少住在東九龍一帶的同學，只能乘搭穿梭於學校與牛池灣及彩虹的校巴往返家校，又或者像吳教授一樣乘坐點對點接送學生的校巴。到她唸中三時，學生終於可以自行乘搭巴士了。由於大家平日難得在外逛街，放學後會趁機多繞一圈或多轉一次車才回家。

　　姚潔貞女士 2000 年於德望就讀，2007 年中七預科畢業。她當時家住將軍澳，因路途較遠，本來沒打算報讀德望；直至替她補習的鄰居大力推

薦，她才改變初衷，成為首屆循中學派位入讀德望的將軍澳跨區學生。幸
好母校有完善的校巴服務，她才不用為每天長途跋涉而大費周章。

栽培賢德淑女之地

儘管環境隨時代不斷轉變，不同年代的德望學生卻仍流露一脈相承
的特質。校長 Dr. Harfitt 1990 年代在德望任教，2002 年轉到香港大學工
作，2021 年再獲委任為德望校長。能重返德望、再次陪伴學生成長，他深
感奇妙，也滿懷感恩。他認為德望學生力求上進、敢於嘗試，以及謙遜有
禮的精神，與學校一直持守的核心價值觀互相輝映。周志洪副校長同樣自
1990 年代起，在德望任教，見證過多屆學生從入學至畢業的成長。他說，
德望轉為直資學校後，生源和學生背景的確有所改變，但他依然不斷收到
僱主對德望畢業生的正面評價。

校服方面，德望也別出心裁：高中學生可以穿有鞋跟的鞋子；冬季
時，女生更可自選任何白色襯衫配搭灰色的校服裙。校方希望她們學會穿
搭，成為斯文大方的女性。在吳教授的學生年代，她們甚至會穿着裙子
（內襯褲子）上體育課。

吳教授認為，母校致力培育學生成為「淑女」。這不僅是要尊重和禮
貌對待身邊的親友，更重要的是把所學所得與他人分享，服務和回饋社
會。母校的教導讓她一生受用，無論在職場或其他處境，事無大小，都樂
於承擔，因為她相信每件事都有值得學習的地方。

極具慧眼　發掘學生潛能

德望學生在學界體壇享負盛名。姚女士作為香港女子馬拉松紀錄保持
者，就是在德望開始接觸長跑。中一時學校為學生測試體能，她的長跑天
賦就這樣給發掘出來，反而無緣加入小學時較為擅長的項目，如短跑、跳
遠和籃球等校隊。姚女士坦言，初時對長跑一無所知，心中有點忐忑，尤

昔日學生在校門外排隊乘坐校巴，
約攝於 1970 年代。

圖片來源：德望學校

修女與學生一同於校內飯堂用膳，
約攝於 1960 年代。

圖片來源：德望學校

1989 年，德望合唱團於澳洲參與音
樂交流營。

圖片來源：德望學校

其全部中一學生，只有她獲選入長跑隊。縱然訓練過程絕不輕鬆，但全賴老師獨具慧眼，她才得以在體壇上盡展光芒。

事實上，德望投入大量資源去發掘和發展學生的體育潛能。Dr. Harfitt 表示，德望以 "One Team One Mission" 為理念，將所有參與運動項目的學生，歸入同一個運動隊旗下。目前德望運動隊共有 19 個分隊，校方更積極籌備增添更多項目，如保齡球和壁球等。Dr. Harfitt 還分享，學校劍擊隊的誕生始末，原來源自某年某位參加入學講座女生的提問；而短短兩、三年後，劍擊隊已取得學界冠軍。德望目前有三位體育老師為現役港隊代表和紀錄保持者。他們正與其他老師一起，努力為學校和香港培訓下一代的運動健將。

燦爛多姿的校園生活

德望一貫以來均鼓勵學生參與各類課外活動，讓她們發掘各自的獨特才能。吳教授的個人紀錄是參加了八個學會，並兼任總領袖生（Head Prefect），既忙碌又充實。一群十四、五歲的同學，年紀輕輕就已能自行召集會議和統籌活動，老師只是從旁提點。吳教授當年就和華仁男生合辦聖誕舞會，更邀得許多流行樂隊參加學校的籌款大匯演，包括許冠傑的蓮花樂隊和泰迪羅賓的花花公子樂隊等，引得一眾女生歡呼尖叫。吳教授表示，修女的藝術和音樂造詣甚高，更會親自授課和帶領合唱團，而她就是從中學會當合唱指揮。

姚女士除了曾為田徑隊成員，也曾參與遠足學會，當年帶領登山的正是周副校長。她形容每次遠足都像旅行一樣，樂也融融。姚女士認為在德望讀書最大的得着，就是學會時間管理，使她能在繁忙的學業、田徑和休息之間，適當地分配時間，才得以發揮最佳表現。

至於德望學生會（Central Board）的由來，也是緣於吳教授。當年她風聞其他學校已設立學生會，認為德望學生也必須追上時代，便向修女提議成立一個學生代表組織。修女和老師商量後，決定由資深領袖生組成

Central Board，再互選主席，而吳教授更當選為 Central Board 的第一屆主席。周副校長補充說，Central Board 其後漸漸演變，現在與 Prefect Board 已是兩個不同組織，分別負責舉辦學生活動和管理秩序。Central Board 的不同職位由學生每年自薦，再經全校選舉誕生。但 Head Girl 和 Assistant Head Girl 兩個崗位是由學校管理層和校長挑選任命。Dr. Harfitt 表示，Head Girl 是學生代表，肩負重任。這種領袖訓練足以改變學生一生。

薪火相傳　燃點希望之光

吳教授畢業後仍不時應邀返回母校，協助舉辦不同活動，例如：與學生和老師分享工作經驗和主持領袖訓練等。她欣賞校監阮嫣玲修女思想開放，積極開拓學生眼界去認識世界正在發生的事，還培育學生從小關心和服務他人。周副校長表示，學校現時的遊學計劃部分也加入了社區服務，希望學生在開心遊歷的同時，能夠從服務弱小中學會感恩。Dr. Harfitt 深信，修女的辦學理念和服務精神正是德望的重要支柱；無論外界環境怎樣改變，抱持德望精神和靈活應對，必能造就下一代健康成長。

依山而建之德望學校校舍。後方之中學部與前方之小學部相鄰。
圖片來源：德望學校

七、觀塘

　　觀塘位於九龍半島東部，舊稱「官塘」。「官塘」一名有說是源於 1866 年版《新安縣全圖》所記載的「官瑭」，可引伸為官船停泊處之意；亦有說官塘演變自宋代的官理鹽塘「官富場」。[20] 觀塘與鄰近牛頭角、順利、秀茂坪、藍田、油塘、鯉魚門等地合組為觀塘區，是香港重要的工商業中心，亦是全港人口密度最高的地區（根據 2021 年人口普查統計）。

　　官塘一帶早期為荒蕪的海灣，人煙稀少，只有零星村落。十九世紀初，不少客家人移居香港，部分人在官塘開村立業。由於該處蘊藏花崗岩石礦，他們多以打石為生，先後建成茜草灣、牛頭角、茶果嶺和鯉魚門等村落，合稱「四山」，為香港島的開發和城市建設提供大量優質的花崗石材。而位於茶果嶺的「四山鄉公所」更是清末民初時期的地區行政中心。二次大戰前，政府只將官塘海灘作堆填垃圾之用。1947 年，亞細亞火油公司在茜草灣和茶果嶺一帶購入 20 餘萬方呎土地，興建儲油庫，為官塘帶來大量工作機會，社區面貌迅速改變。

　　1950 年代，本港經濟和工業發展迅速。由於當時荃灣和牛頭角兩大工業區用地已接近飽和，政府便銳意開發官塘為新興工業區，並開展填海工程，更於 1953 年正式將其命名為「觀塘」。當時的規劃是將觀塘南部填海得來的新土地劃作工廠用地，而北部的山地則移平作住宅用途。隨着香港社會踏入工業化階段，不少大規模的工廠落戶觀塘，包括南洋紗廠和怡生紗廠等。1979 年，觀塘已設有 270 間工廠，1970 年代區內就業人數更佔全港工業人口三分之一。由於人口增長，政府陸續建成多個公共屋邨，並興建碼頭和開闢主要幹道，更於 1975 年動工興建地下鐵路。地鐵最早通車的修正早期系統，即以觀塘為終點站，連接港島與東九龍。

---

[20]　梁炳華編著：《觀塘風物志》（第二版）。香港：觀塘區議會，2009 年，頁 13-15。

圖為 1950 至 60 年代的觀塘徙置區，俗稱「雞寮」。該處於 1980 至 90 年代重建為翠屏邨。
圖片來源：香港大學圖書館

裕民坊向為觀塘經濟商業中心。左圖為 1966 年裕民坊附近一帶之輔仁街。
2007 年觀塘市中心重建計劃展開，右圖為重建後之「裕民坊」商場與住宅大樓。
圖片來源：香港特別行政區府新聞處、香港教育大學香港教育博物館

慕光英文書院

　　慕光英文書院（以下簡稱「慕光」）現址位於觀塘功樂道 55 號。1954年，杜葉錫恩女士[21]、杜學魁先生和戴中先生鑑於香港的貧苦大眾缺乏接受教育的機會，因而立志辦學。在資源緊絀下，他們只能在九龍老虎岩（現稱「樂富」）的啟德新村以軍用帳篷開辦學校，命名為「慕光中學」，並以「明理愛光」為校訓。由於學費低廉，加上辦學質素良好，不少家長均慕名而至，將子女送到慕光就讀，原有的帳篷校舍旋即不敷應用。翌年，校方得到熱心人士捐助，在原址以混凝土興建新校舍，並正式註冊。隨後慕光中學易名為「慕光英文書院」，並以英文作為主要教學語言。

　　1958 年，啟德新村木屋區發生火災，政府下令清拆。慕光位於啟德新村內的校舍亦不能倖免，學校無奈遷至九龍城衙前圍道。其後為舒緩社會上有增無減的教育需求，慕光曾擴大收生規模，並設立多所分校。因應該校的發展，政府於 1968 年批出觀塘功樂道一塊地皮予慕光興建較大規模的校舍，新校舍終於 1972 年落成啟用。

　　隨着香港社會的發展，學校亦有不少改變。1991 年，為響應政府推動中文教育，學校改以母語授課。2013 年，慕光英文書院轉型為直資中學。儘管如此，慕光仍秉持一貫創辦平民學校的宗旨，只收取低廉的學費。

慕光於 2021 年將杜葉錫恩博士生前在校舍內的故居，改建為杜葉錫恩紀念館暨慕光校史館，讓學生與公眾人士認識杜葉錫恩博士對香港社會及教育的貢獻。

圖片來源：香港教育大學香港教育博物館

---

[21]　葉錫恩女士於 1985 年與杜學魁先生結婚後冠以夫姓，改稱杜葉錫恩。為方便行文，本書會統一使用杜葉錫恩女士這個稱謂。

左起：李子建教授、游紹永教授、魏俊梅先生、蔡漢成教授、張永豐校長

受訪者	■ 魏俊梅先生，1963 年於慕光英文書院畢業，曾任慕光英文書院校董會主席，服務學校長達 40 年，直至退休。
	■ 游紹永教授，1975 年於慕光英文書院畢業，為該校第一屆預科畢業生。明德學院退休會計學教授，曾任香港大學專業進修學院金融商業學院副總監兼高級課程主任。
	■ 蔡漢成教授，1983 年於慕光英文書院畢業。玩具創作大師，亞太文化創意產業總會之創會主席，玩具易（控股）有限公司 Toy2R 創辦人兼總裁和 Qee 品牌設計總監，2009 年十大傑出設計師大獎得主，2016 年獲香港特別行政區政府頒授榮譽勳章。
	■ 張永豐先生，慕光英文書院校長。
訪問者	■ 李子建教授
訪問日期	■ 2023 年 10 月 17 日

■ 請使用手機掃描此二維碼，觀看本節訪問的詳細錄影。

小小校園人情味濃

從創校時僅能容納不足 40 名學生的帳篷,到今天已有約 800 名學生的直資學校,回溯慕光英文書院近 70 年的歷史,不能不提已故的杜葉錫恩博士[22](Dr. Elsie Tu)。在眾位資深校友心中,這位創校的靈魂人物,不僅是普羅市民熟知、經常為民請命的香港前立法局和市政局議員,更是一生為教育工作鞠躬盡瘁的創校校監。校友們對杜校監的回憶,全是她對貧苦學生的關懷和愛護。

魏俊梅先生於 1958 年入讀慕光。在學期間,香港社會普遍仍較為貧苦。當時身為校監的杜葉錫恩女士為了讓基層兒童上學讀書,四出奔波,爭取熱心人士捐助學費。杜校監曾到浸會書院(現香港浸會大學)授課,所得薪酬卻非留作私用,而是用來補貼慕光的開支。這種無私奉獻的精神讓魏先生印象深刻。張永豐校長也補充說,自杜葉錫恩紀念館暨慕光校史

昔日慕光中學的帳篷校舍。
圖片來源:慕光英文書院

22　杜葉錫恩女士於 1988 年及 2013 年分別獲香港大學和香港中文大學頒授名譽社會科學博士學位和榮譽社會科學博士學位。

杜葉錫恩女士與學童玩遊戲。
圖片來源：慕光英文書院

杜葉錫恩女士親自教授學生的舊照。
圖片來源：慕光英文書院

館落成以來，不時有資深校友專程回到母校，滿懷感激地與他分享母校和校監如何啟導他們走向光明的人生道路。

　　游紹永教授是慕光第一屆預科畢業生，他至今仍難忘慕光師長對他的關愛與悉心栽培。當年杜葉錫恩校監和杜學魁校長得知游教授是孤兒，與姑母一家九口住在面積只有 250 方呎的房子，學習環境極不理想，便讓他在學校的校工宿舍留宿，並於課餘時，替當時身為市政局議員的杜校監，將市民來信翻譯成英文，並為她安排時間接見市民。留宿校內期間，他認識了負責老師膳食的工友華姐；華姐眼見他沒有像樣的三餐，時而麵包，時而罐頭，便每天多煮點餸菜，和他一起吃飯。華姐退休回鄉後，兩人仍保持聯絡。當得悉華姐晚年生活拮据，游教授更每月匯錢給她，直至華姐百年歸老，以報答當年照顧之恩。

　　師長們對學生亦愛護有加。游教授憶説，觀塘校舍落成之初還未設置操場，同學們便經常相約在校舍旁的草地踢足球。一天下午，當他和同學們踢完足球後，突然有數名流氓拿着刀子，打劫他們。幸好有同學在遠處目擊事件，立即跑回學校向老師求助。當時任教體育科的鄧慶鎏老師聞言，二話不説，立刻跑到現場，把流氓趕走。

校舍環境的變遷

　　慕光曾經數度遷校，最後搬到觀塘現址。魏先生不僅見證校舍的變遷，更曾親身參與遷校工作。他憶述當年於啟德新村校舍報讀慕光，後來學校遷至九龍城衙前圍道，在大樓最高的兩層授課，天台則成為學生的遊樂場。魏先生中學畢業兩年後重返母校工作，後來還參與學校觀塘區新校舍的興建。最令他印象深刻的是，當年他拿着地圖在空蕩蕩的地皮上尋找施工地盤，見證了「萬丈高樓從地起」這句話。功樂道校舍最終於 1972 年落成啟用。

　　幾位受訪校友上學的年代，觀塘區的交通尚未完善。魏先生當年住在俗稱「雞寮」的觀塘徙置區，那時觀塘區才剛剛開發，他每天只能乘坐巴士經單程路到九龍城上學。而同樣曾是觀塘居民的蔡漢成教授，在學校遷至觀塘後，每天亦需徒步經基督教聯合醫院，繞過山谷，走上斜坡到學校去。魏先生補充說，學校遷至觀塘初期，沒有巴士和小巴途經附近，學生和老師只能徒步走到觀塘半山校舍；其後經杜校監極力爭取，才有公共交通工具連接學校。

教好每一個學生

　　雖然校友們曾有前述的遇劫驚魂，卻依然懷念往日的學習時光。蔡教授說，母校並沒有刻意挑選學生，校內既有好學生，也有所謂「飛仔」學生。慕光為不同背景的學生提供平等教育機會，盡心盡力教好每個學生，充分體現「有教無類」的教育精神。不過，老師們亦會恩威並施。蔡教授記得當年學校集會時，每當訓導主任朱劍良老師走過，整個禮堂的學生便會乖乖的靜下來。

　　畢業多年後，蔡教授仍然謹記師長教誨，更加將慕光校訓「明理愛光」，牢記心中。而他也是在踏進社會後，加深體會明理愛光的意思：「明理」指明白道理；「愛光」則指做人要秉持良善，不要墮進黑暗，要尋找

光明的道路。此外，他入學時對校徽
上的雄雞圖案不明所以，直至長大後
才恍然大悟，原來是象徵晨雞報曉，
意謂迎接晨光，標誌一天辛勤工作的
開始。

另一番學習體驗

　　除了在校內上學，老師也會帶
領學生走出校園，讓他們感受不一樣
的學習體驗。蔡教授在學期間，老師
經常帶同學生出外參加比賽，聖誕節
時還會和同學一起到尖東欣賞聖誕燈
飾，分享節日氣氛。魏先生在慕光擔
任地理科老師期間，亦曾於課餘時與
學生到郊外遠足，包括：從城門水塘
經鉛礦坳走到大埔、從大埔船灣淡水

昔日九龍城衙前圍道校舍正門。
圖片來源：慕光英文書院

湖走到粉嶺鹿頸等，讓學生用雙腳探索課本以外的世界。近年，慕光亦積
極為學生組織考察團。張校長指出，現任校監和校董會主席很早便已資助
學校舉辦國內外交流團，讓學生加深對中國和世界的認識。

學費連續十年不變

　　2013年，慕光從按額津貼學校轉型為直資中學。魏先生説，杜葉錫恩
校監在晚年仍惦記校政，曾叮囑慕光要貫徹為平民學生服務的精神，不能
隨便增加學費。因此，慕光至今仍維持相當低廉的學費。如今，慕光即將
邁進70周年，張校長感恩在一眾創校元老帶領下，慕光能夠眾志成城，
實踐明理愛光的教育理想。

結語

　　從九龍各區學校的發展，可窺見九龍獨特的歷史和社會面貌。1860年，《北京條約》簽訂，英國強佔九龍半島。1898年，英國再藉《展拓香港界址專條》，強行租借界限街以北、深圳河以南的地區，並且將新界與九龍接壤的地帶劃為「新九龍」。

　　政府從1860年起已銳意開發九龍，大量人口從香港島遷移至此。不少辦學團體旋即於九龍開設西式學校，新九龍亦有熱心推動教育的鄉紳建立私塾和義學。至二十世紀初，香港出現大量私立中文學校，當中不少是由內地南遷來港，部分選址落戶九龍各區，各類學校均為適齡兒童提供學習機會。二戰後，全港人口驟增，教育需求日亟，校舍不敷應用，政府和辦學團體只好利用各種非常方法辦學，如在徙置大廈開設天台學校，教導基層兒童讀書識字，傳授知識。隨着時代進步，教育各方面的配套發展愈趨成熟，校舍設施亦與時並進，學生由是得享全面而均衡的學校教育。

　　《承教・城傳：九龍學校的故事（第二版）》概述了油尖旺、九龍城、紅磡、深水埗、黃大仙及觀塘等社區的歷史和教育發展，並補充了部分學校的歷史和校友的見聞和體驗。藉着與各校不同年代師長和校友的對談，引領讀者回溯舊日校園的生活與情懷，以至一眾校友在求學時期的所見所聞，了解各所歷史悠久學校的特色和文化。

　　師長的諄諄教誨和校園裏的關懷愛護至今仍為各校友津津樂道。相對今天，昔日資源貧乏，學生居住環境簡陋甚至惡劣：有的生活貧苦，無法負擔學費；有的更三餐不繼，難以溫飽。校友們最難忘的，是師長當年的無私奉獻。他們為學生四出奔波，尋求資助，甚至提供食宿、湊錢代交學費等。書中盡載黌宮草木，師生情誼，點滴思憶，躍然紙上，體現唯真、唯善、唯美的精神。

　　過去百多年，九龍的城市面貌經歷巨大變化。ABC（愛皮西）飯店、邵氏大廈、廣東道警察宿舍和九龍倉碼頭等油尖旺地標，俱敵不過時代巨輪而消失無蹤；「三不管」的九龍寨城、滿佈木屋的何文田山和觀塘的「雞寮」，今天亦已清拆重建；當日剛被開發、交通落後的觀塘，現在也變得熙來攘往，車水馬龍。以前大家熟悉的學校，有些已停辦，有些則已另擇新址或因校舍破舊而翻新擴建，繼續負起教育使命。依然屹立九龍各區的學校，秉承創校先賢留下的辦學宗旨，繼往開來，孕育一代又一代的人才。前人在九龍這片土地埋下的教育種子，今天已碩果纍纍。

參考書目

圖書

《善道同行——嗇色園黃大仙祠百載道情》編輯委員會編著：《善道同行——嗇色園黃大仙祠百載道情》。香港：中華書局（香港）有限公司，2021 年。

《皕載英華》出版委員會：《皕載英華》。香港：三聯書店（香港）有限公司，2018 年。

「民系『故』中尋」小組統籌執行及編委會：《鯉魚門三家村．茶果嶺：時、地、人的探討》。香港：救世軍耆才拓展計劃觀塘中心，2005 年。

方美賢：《香港早期教育發展史》。香港：中國學社，1975 年。

方駿、麥肖玲、熊賢君主編：《香港早期報紙教育資料選萃》。長沙：湖南人民出版社，2006 年。

王齊樂：《香港中文教育發展史》。香港：波文書局，1983 年。

刑福增：《願祢的國降臨：戰後香港「基督教新村」的個案研究》。香港：建道神學院，2002 年。

朱益宜：《關愛華人：瑪利諾修女與香港（1921-1969）》。香港：中華書局（香港）有限公司，2007 年。

江啟明：《大象風雷》。香港：經濟日報出版社，2010 年。

江啟明：《藝術家的情與結》。香港：中華書局（香港）有限公司，2017 年。

何佩然：《城傳立新：香港城市規劃發展史（1841-2015）》。香港：中華書局（香港）有限公司，2016 年。

吳倫霓霞：〈教育的回顧（上篇）〉，載於王賡武主編：《香港史新編（下冊）》（增訂版）（頁 483-531）。香港：三聯書店（香港）有限公司，2017 年。

吳家瑋：《同創香港科技大學：初創時期的故事和人物誌》。香港：商務印書館（香港）有限公司，2006 年。

吳家瑋：《吳家瑋回憶錄：玻璃天花板》。深圳：海天出版社，2016 年。

吳家瑋：《吳家瑋回憶錄：紅墨水》。深圳：海天出版社，2016 年。

吳家瑋：《洋墨水：老海歸留美四部曲》。上海：復旦大學出版社，2010 年。

呂家偉、趙世銘編：《港澳學校概覽》。香港：中華時報社，1939 年。

李東海編撰：《香港東華三院一百二十五年史略》。北京：中國文史出版社，1998 年。

邢學智：《杜學魁傳》。北京：中國工人出版社，1995 年。

阮柔：《香港教育制度之史的發展》。香港：進步教育出版社，1948 年。

東華三院：《東華三院一百三十年》。香港：東華三院，2000 年。

邱小金、梁潔玲、鄒兆麟：《百年樹人：香港教育發展》。香港：市政局，1993 年。

香港工會聯合會：《工聯會與您同行：65 周年歷史文集》。香港：中華書局（香港）
　　有限公司，2013 年。

香港地方志中心編纂：《香港志・總述　大事記》。香港：中華書局（香港）有限公司，
　　2020 年。

香港地方志中心編纂：《香港志：自然・建置與地區概況　人口》。香港：中華書局（香
　　港）有限公司，2023 年。

香港教育資料中心編寫組編撰：《香港教育發展歷程大事記（一零七五‐二零零三）》。
　　香港：香港各界文化促進會，2004 年。

區志堅：《明理愛光：杜葉錫恩的教育思想及實踐》。香港：中華書局（香港）有限
　　公司，2021 年。

張家偉：《六七暴動：香港戰後歷史的分水嶺》。香港：香港大學出版社，2012 年。

張瑞威：《拆村：消逝的九龍村落》。香港：三聯書店（香港）有限公司，2013 年。

張慧真、孔強生：《從十一萬到三千：淪陷時期香港教育口述歷史》。香港：牛津大
　　學出版社，2005 年。

救世軍耆才拓展計劃觀塘中心：《官塘深度行：戰後官塘生活點滴》。香港：救世軍
　　耆才拓展計劃觀塘中心，2008 年。

梁炳華編著：《觀塘風物志》（第二版）。香港：觀塘區議會，2009 年。

梁操雅、丁新豹、羅天佑、羅慧燕編著：《教育與承傳（二）：南來諸校的口述故事》。
　　香港：香港教育圖書公司，2011 年。

梁操雅、杜子瑩、李伊瑩、關雪明、譚劍虹編：《從廣州到香港：真光流金歲月的口
　　述故事》。香港：香港教育圖書公司，2012 年。

梁操雅、羅天佑編著：《香港考評文化的承與變：從強調篩選到反映能力》。香港：
　　商務印書館（香港）有限公司，2017 年。

梁操雅主編：《匠人・匠心・匠情繫紅磡：承傳與變易》。香港：商務印書館（香港）
　　有限公司，2015 年。

梁濤：《九龍街道命名考源》。香港：市政局，1993 年。

陳公哲編：《香港指南》。香港：商務印書館（香港）有限公司，2014 年。

陳天權：《被遺忘的歷史建築：港島九龍篇》。香港：明報出版社，2013 年。

陳國華：《先驅者的腳印：海外華人教育三百年 1690-1990 年》。多倫多：Royal
　　Kingsway Inc.，1992 年。

陳凱雯：《校長爺爺：「拼」出教育路》。香港：中華書局（香港）有限公司，2016 年。

陸鴻基：〈一九三零年代香港教育概觀〉，載於吳倫霓霞、鄭赤琰編：《兩次世界大戰期間在亞洲之海外華人》（頁 187-199）。香港：香港中文大學，1989 年。

陸鴻基：《從榕樹下到電腦前：香港教育的故事》。香港：進一步多媒體有限公司，2003 年。

陸鴻基編：《中國近世的教育發展（1800-1949）》。香港：華風書局，1983 年。

游子安主編、張瑞威、卜永堅編撰：《黃大仙區風物志》。香港：黃大仙區議會，2003 年。

程介明：〈教育的回顧（下篇）〉，載於王賡武主編：《香港史新編（下冊）》（增訂版）（頁 533-561）。香港：三聯書店（香港）有限公司，2017 年。

黃棣才：《圖說香港歷史建築 1841-1896》。香港：中華書局（香港）有限公司，2012 年。

黃棣才：《圖說香港歷史建築 1897-1919》。香港：中華書局（香港）有限公司，2011 年。

黃棣才：《圖說香港歷史建築 1920-1945》。香港：中華書局（香港）有限公司，2015 年。

楊子熙：〈地區考察專題研習：以油麻地社區為例〉，載於鮑紹霖、周佳榮、區志堅主編：《第二屆廿一世紀華人地區歷史教育論文集》（頁 318-328）。香港：中華書局（香港）有限公司，2012 年。

葉玉萍編：《細說中華基督教會香港區會小學歷史》。香港：中華基督教會香港區會小學校長會，2016 年。

葉栢強：《鯉魚門海濱學校保育實錄》。香港：海濱學校校友會，2011 年。

葉深銘：《正軌道兮樹風聲：培正中學建校一百三十年史》。香港：三聯書店（香港）有限公司，2019 年。

詹秀璉：〈嘉諾撒仁愛女修會在香港的使命及貢獻（1860-2000）〉，載於夏其龍、譚永亮編：《香港天主教修會及傳教會歷史》（頁 78-165）。香港：香港中文大學天主教研究中心，2011 年。

甄錦棠：《鶴洞·獅山：九龍真光中學發展簡史》。香港：九龍真光中學，2019 年。

劉紹麟：《古樹英華：英華書院校史》。香港：英華書院校友會有限公司，2001 年。

劉智鵬、劉蜀永：《香港史：從遠古到九七》。香港：香港城市大學出版社，2019 年。

劉粵聲主編：《香港基督教會史》（重排增訂版）。香港：香港浸信教會，1996 年。

劉蜀永主編：《簡明香港史》（第三版）。香港：三聯書店（香港）有限公司，2016 年。

鄭敏華、周穎欣、林綺雯：《深水埗故事：從社區公共歷史建築看地方發展史及其人文價值》。香港：深水埗區議會市區更新及歷史建築保育工作小組，2010 年。

鄭敏華編：《追憶龍城蛻變》（第二版）。香港：九龍城區議會，2011 年。

鄭寶鴻、佟寶銘：《九龍街道百年》。香港：三聯書店（香港）有限公司，2000 年。

鄭寶鴻：《香江九龍》。香港：香港大學美術博物館，2010 年。

蕭國健主編：《油尖旺區風物志》（第四版）。香港：油尖旺區議會，2006 年。

顏明仁：《戰後香港教育》。香港：學術專業圖書中心，2010 年。

蘇子夏編：《香港地理：山海依舊風物在》。香港：商務印書館（香港）有限公司，
　　2015 年。

蘇美智：《鼓鑄群材備請纓：悠悠歲月裡的紅藍兒女》。香港：三聯書店（香港）有
　　限公司，2019 年。

饒玖才：《香港的地名與地方歷史（上）：港島與九龍》。香港：天地圖書有限公司，
　　2011 年。

觀塘區街坊福利會：《觀塘近貌》。香港：觀塘區街坊福利會，1969 年。

Chan-Yeung, Moira M. W. *Daily Giving Service: A History of the Diocesan Girls' School, Hong Kong*. Hong Kong: Hong Kong University Press, 2022.

Chiu, Patricia P. K. *A History of the Grant Schools Council: Mission, Vision, and Transformation*. Hong Kong: Grant Schools Council, 2013.

Chiu, Patricia P. K. *Promoting All-Round Education for Girls: A History of Heep Yunn School, Hong Kong*. Hong Kong: Hong Kong University Press, 2020.

Chu, Cindy Yik-yi. *The Maryknoll Sisters in Hong Kong, 1921-1969: In Love with the Chinese*. New York: Palgrave Macmillan, 2004.

Featherstone, W. T. *The Diocesan Boys School and Orphanage, HongKong: The History and Records, 1869 to 1929*. Hong Kong: Diocesan Boys' School, 1930.

Fung, Yee Wang, and Mo Wah Moira Chan-Yeung. *To Serve and to Lead: A History of the Diocesan Boys' School, Hong Kong*. Hong Kong: Hong Kong University Press, 2009.

Ho, Amy M. W., ed. *Forever be True: The Love & Heritage of Maryknoll*. Hong Kong: Maryknoll Convent School Education Foundation, 2009.

Huang, Mark. *Sons of La Salle Everyone: A History of La Salle College and Primary School, 1932-2007*. Hong Kong: La Salle College Old Boys' Association, 2007.

Kwok, Eva, ed. *La Salle College 75th Anniversary Commemorative Publication 1932-2007*. Hong Kong: La Salle College, 2007.

Lee, Aloysius, ed. *Maryknoll Convent School 1925-2000*. Hong Kong: Maryknoll Convent School, 2000.

Luk, Hung-kay. *A History of Education in Hong Kong*. Hong Kong: Lord Wilson Heritage Trust, 2000.

Sinn, Elizabeth, and Christopher Munn, eds. *Meeting Place: Encounters across Cultures in Hong Kong, 1841-1984*. Hong Kong: Hong Kong University Press, 2017.

政府文件及刊物等

文物保育專員辦事處、古物古蹟辦事處：《香港文物旅遊博覽古蹟遊記》。香港：文物保育專員辦事處，2012 年。取自 https://www.heritage.gov.hk/filemanager/heritage/Publication/tc/upload/4/heritageBookletChi.pdf

政府統計處：《2021 年人口普查：簡要報告》。香港：政府統計處，2022 年。取自 https://www.census2021.gov.hk/doc/pub/21c-summary-results.pdf

香港考試及評核局：〈表 7：香港中學會考歷年報考情況及成績統計〉，2011 年。取自 https://www.hkeaa.edu.hk/DocLibrary/HKCEE/Release_of_Results/Exam_Report/Examination_Statistics/ceexamstat11_7.pdf

發展局：〈立法會參考資料摘要：《古物及古蹟條例》（第 53 章）《2020 年古物及古蹟（古蹟及歷史建築物的宣布）（綜合）（修訂）公告》〉，檔案編號：DEVB/CHO/1B/CR/141，2020 年 5 月 22 日。取自 https://www.legco.gov.hk/yr19-20/chinese/subleg/brief/2020ln092_brf.pdf

Colonial Veterinary Surgeon's Report for the Year 1892, 1893. Retrieved from https://sunzi.lib.hku.hk/hkgro/view/s1893/1408.pdf

Report of the Director of Public Works for the Year 1905, 1906. Retrieved from https://sunzi.lib.hku.hk/hkgro/view/s1906/1946.pdf

The Hong Kong Government Gazette: Government Notification No. 15, 19 January 1889. Retrieved from https://sunzi.lib.hku.hk/hkgro/view/g1889/657421.pdf

期刊

方駿：〈官立男子漢文師範學堂（1920-1940）：早期香港中文師資的重要搖籃〉，《教育研究學報》，2005 年，第 20 卷第 1 期，頁 121-139。

方駿：〈官立漢文女子師範學堂（1920-1941）：香港僅有的女子師訓院校〉，《教育曙光》，2003 年，第 48 期，頁 56-63。

余偉雄：〈辛亥革命時期港澳地區之宣傳及影響〉，《能仁學報》，1994 年，第三期，頁 483-504。

張學明：〈嘉諾撒聖瑪利書院的話劇傳統與心靈教育〉，《新亞生活月刊》，2010 年，第 37 卷第 8 期，頁 18-21。

麥肖玲、方駿：〈1930-1950 年代香港基礎教育的發展與挑戰：中文剪報鉤沉〉，《基礎教育學報》，2007 年，第 16 卷第 2 期，頁 1-20。

羅慧燕：〈論香港教師教育的發展與殖民管治〉，《教育學報》，2014 年，第 42 卷第 2 期，頁 51-72。

報刊

〈一個奇妙的結合〉，《星島日報》，2014 年 1 月 3 日。

〈九龍華仁書院新校八月落成〉，《工商晚報》，1952 年 5 月 13 日。

〈三院九龍第一義校：杜德主持啟鑰禮〉，《工商日報》，1955 年 2 月 24 日。

〈大角咀的變遷〉，《龍週》，2017 年 3 月 29 日。取自 https://kowloonpost. hk/2017/03/30/20170329p7/

〈中華基督教會協和學校創校 100 周年校慶紀念特刊〉，《星島日報》，2011 年 12 月 1 日。

〈廿五年來教育形式變更甚大〉，《華僑日報》，1960 年 11 月 20 日。

〈仿林中學熱烈慶祝建校卅七周年紀念〉，《中國學生周報》，1960 年 4 月 1 日。取自 https://hklit.lib.cuhk.edu.hk/explore/#/search?keyword= 仿林中學熱烈慶祝建校卅七周年紀念

〈同唱「齊來謝主歌」：聖提摩太校開幕：張榮舉夫人主持啟鑰並致詞學童能在基督庇護下受教育〉，《華僑日報》，1957 年 3 月 31 日。

〈在南華中學的日子〉，《大公報》，1999 年 6 月 4 日。

〈老虎岩梁端卿小學開幕〉，《工商日報》，1965 年 2 月 24 日。

〈至德公立學校昨舉行奠基禮〉，《工商日報》，1961 年 11 月 23 日。

〈協和小學校新校舍奠基〉，《華僑日報》，1959 年 8 月 10 日。

〈官立漢文師範同學會報告籌建新校舍經過〉，《華僑日報》，1956 年 1 月 9 日。

〈油麻地官立小學週年校務報告〉，《工商日報》，1953 年 12 月 20 日。

〈香港中國立案學校招生一覽〉，《工商日報》，1941 年 7 月 31 日。

〈香港現存最古老英童學校建築：舊九龍英童學校〉，《龍週》，2019 年 6 月 26 日。取自 https://kowloonpost.hk/2019/07/02/20190626p6/

〈記憶深處的紅磡舊時光〉，《香港商報網》，2015 年 9 月 14 日。取自 https://www. hkcd.com/content/2015-09/14/content_957781.html

〈副華民政務司鄭棟材講一九四一年前香港教育〉，《華僑日報》，1960 年 7 月 26 日。

〈教育部批准東方中學立案〉,《工商晚報》,1939 年 1 月 9 日。

〈教育當局昨表示港九勞校要接收〉,《大公報》,1949 年 5 月 28 日。

〈給公教中學生的信〉,《公教報》,1941 年 2 月 1 日。

〈聖公會基恩小學下期增上午班:聖提摩太小學建新舍〉,《華僑日報》,1956 年 5 月 30 日。

〈聖多馬新校舍落成:輔政司主啟鑰:解決木屋區失學兒童〉,《華僑日報》,1953 年 5 月 2 日。

〈聖多馬學校貧童報名踴躍:下午班廉收學費五元〉,《華僑日報》,1953 年 6 月 18 日。

〈聖提摩太小學新舍奠基:助理教育司唐露曉致詞聖公會助政府供應學額〉,《華僑日報》,1956 年 7 月 28 日。

〈衙前圍村重建:鄰校申建住宅〉,《文匯報》,2015 年 5 月 23 日。取自 http://paper.wenweipo.com/2015/05/23/ME1505230005.htm

〈漢師同學校舍今午舉行奠基〉,《工商日報》,1956 年 12 月 22 日。

〈漢師陶秀小學新校定期開幕〉,《工商日報》,1971 年 6 月 14 日。

〈鄭棟材昨演講:香港教育史:由一八四二至現在簡括分為六個時期〉,《華僑日報》,1951 年 12 月 11 日。

〈聽喇沙說故事〉,《都市日報》,2009 年 10 月 16 日。

古柳權:〈德望學校:那些年的承傳:紅磚牆的「綠」女傳奇〉,《明周文化》,2018 年 4 月 30 日。取自 https://www.mpweekly.com/culture/ 教育 / 德望學校 - 名校 - 田徑 -73061

司徒華:〈無憾與遺憾〉,《明報》,2006 年 9 月 3 日。

伍詠欣:〈耶穌會 X 華仁:育人,由心出發:「同行」是不帶批判地聆聽和陪伴〉,《明周文化》,2020 年 11 月 26 日。取自 https://www.mpweekly.com/culture/ 社會 / 華仁 - 心理學 - 名校 -165283

陳慕華:〈林護:孫中山背後的香港建築商〉,《灼見名家》,2017 年 4 月 26 日。取自 https://www.master-insight.com/ 林護:孫中山背後的香港建築商 /

黃鯉荔:〈香港「左校」走出孤立〉,《亞洲週刊》,1997 年,第 11 卷第 22 期,頁 88-89。

校刊及紀念特刊等

〈小學部校務概況〉,《德明校刊》,1964 年,第 11 期,頁 74-75。

九龍真光中學：《歲月留情：九龍真光中學金禧校慶歷史圖説（1949-1999）》。香港：
　　九龍真光中學，1999 年。

九龍華仁書院舊生會、星島出版編輯部：《五十六號的星光：九龍華仁書院創校八十
　　周年紀念冊》。香港：星島出版有限公司，2004 年。

中華基督教會協和小學（長沙灣）：《中華基督教會協和小學（長沙灣）2019-2020
　　年度學校周年報告》，2020/21 年。取自 https://www.heepwohcsw.edu.hk/wp-
　　content/uploads/2022/03/2021c_1604048013.pdf

民生書院：《民生書院八十周年校慶》。香港：民生書院，2006 年。

民生書院：《民生書院歷史圖片集：擁抱光輝九十載》。香港：民生書院，2016 年。

伍希昕、余樂榕：〈協恩中學七十二周年校慶・黃敏恆醫生娓娓道出當年情〉，《協
　　恩中學校友會通訊》，2009 年，第 43 期，頁 1-3。取自 http://www.hys.edu.
　　hk/~hysoga/newsletter/OGA_43.pdf

吳炳昌：〈我參與香島辦學的經過與感想（選自 1947 年 4 月香島中學校刊）〉，載於
　　香島中學：《香島中學金禧校慶特刊》（頁 15）。香港：香島中學，1996 年。

南華中學：《南華中學四十周年校慶特刊》。香港：南華中學，1986 年。

香島中學：《香島中學金禧校慶特刊》。香港：香島中學，1996 年。

香港培正中學：《培正創校一百二十周年紀念特刊》。香港：培正創校 120 周年紀念
　　籌備委員會，2009 年。

香港培道中學：《香港培道中學一百一十週年校慶紀念特刊》。香港：香港培道中學，
　　1997 年。

香港培道中學：《培道創校一百週年校慶紀念特刊》。香港：香港培道中學，1987 年。

香港教育學院校友事務秘書處：〈師訓歷史點滴之八〉，《香港教育學院校友通訊》，
　　2005 年，第七期，頁 10-15。

香港勞校教育機構：《1946 勞校校史》。香港：香港勞校教育機構，無日期。

香港漢文師範同學會學校：《香港漢文師範同學會興學五十五周年紀念特刊》。香港：
　　香港漢文師範同學會學校，2006 年。

勞工子弟中學：《香港勞校 70 周年校慶紀念特刊 1946-2016》。香港：勞工子弟中學，
　　2016 年。取自 http://www.scientia.edu.hk/download/wss70th.pdf

勞工子弟中學：《勞校快訊》，2017 年 12 月至 2018 年 3 月，第五期。取自 http://
　　www.scientia.edu.hk/download/WSS_booklet_05.pdf

曾慶文：〈嘉諾撒聖瑪利學校創校 115 週年感恩祭講道辭〉，《St. Mary's Past Students'
　　Association Newsletter》，2015 年 3 月，頁 3。取自 https://www.stmaryspsa.
　　org/_doc/SMPSA%20Newsletter_2015%20Mar.pdf

黃鉅鴻：〈創校六十九週年校慶校監黃鉅鴻先生講詞〉，《民生聲》，1995 年，頁 16。

葛量洪教育學院：《葛量洪教育學院部分時間制訓練課程學員手冊 1991-92》。香港：葛量洪教育學院，1991/92 年。

葛量洪教育學院銀禧紀念特刊編輯委員會編：《葛量洪教育學院銀禧紀念 1951-1976》。香港：葛量洪教育學院，1977 年。

德信學校：《德信學校鑽禧特刊》。香港：德信學校，1990 年。

慕光教育機構：《慕光教育機構銀禧紀念特刊 1954-1979》。香港：慕光教育機構，1979 年。

鯉魚門海濱學校：《鯉魚門海濱學校創校六十二周年紀念特刊 1946-2008》。香港：鯉魚門海濱學校，2008 年。

麗澤中學：《麗澤中學創校八十周年紀念特刊》。香港：麗澤中學，2011 年。

Diocesan Boys' School. *Steps: The Diocesan Boys' School Magazine*. Hong Kong: Diocesan Boys' School, 1963.

King George V School. *King George V School Brochure*. Hong Kong: King George V School, 1995.

Wah Yan College, Kowloon. *Prospectus*. Hong Kong: Wah Yan College, Kowloon, 2022.

網絡資料

九龍真光中學：〈學校歷史〉，無日期。取自 https://www.ktls.edu.hk/zh/about-zh/history/

土地註冊處：〈香港政府憲報第一號一八五五年憲報內的賣地通告〉，2021 年。取自 https://www.landreg.gov.hk/tc/about/1855.htm

中華基督教會協和小學：〈學校歷史〉，無日期。取自 https://www.heepwoh.edu.hk/tc/our-history

天主教南華中學：〈天主教南華中學 70 周年歷史回顧〉（錄影資料），2016 年。取自 https://youtu.be/8uXL508g9BU

天主教教育事務處：〈辦學歷史〉，無日期。取自 https://www.catholic.edu.hk/ 關於我們／過去，現在，未來／

文化葫蘆：〈歷史：黃大仙〉，2014 年。取自 https://had18.huluhk.org/article-history.php?region=22&lang=tc

古物古蹟辦事處：〈香港法定古蹟‧九龍：天后古廟及其鄰接建築物〉，2022 年。取自 https://www.amo.gov.hk/tc/historic-buildings/monuments/kowloon/monuments_126/index.html

民權校友會：〈學校歷史〉，無日期。取自 http://mankuen.org/ 關於我們 / 學校歷史 .aspx

吳少洪：〈「香港留聲」口述歷史檔案庫：無拘無束的童年生活（一）。吳氏宗祠學校的興辦和搬遷〉，2012 年。取自 https://www.hkmemory.hk/collections/oral_history/All_Items_OH/oha_101/records/index_cht.html#p65037

吳展鴻：〈光景流轉：追憶衙前圍：不滿市區原居民的權益已被吞噬〉（香港記憶），無日期。取自 http://www.hkmemory.org/ntw/tc/village3/cc/8/content/65/

東九龍居民委員會：〈十三鄉由來〉，2007 年。取自 https://eastkowloon.klnfas.hk/tc/五十周年金禧特刊專題文章 Ncrd09bf41544a3365a46c9077ebb5e35c3Zd57c87a8b32efaf14fc9618349e9972bAhf

東華三院：〈東華三院姚達之紀念小學二十周年校慶典禮〉，2012 年。取自 https://www.tungwah.org.hk/press-release/ 東華三院姚達之紀念小學二十周年校慶典禮 /

東華三院：〈廟宇及文化單位介紹：油麻地書院〉，無日期。取自 https://temples.tungwahcsd.org/the-school-yaumatei

東華三院李東海小學：〈學校歷史〉，無日期。取自 https://www.twghlthlp.edu.hk/ 學校歷史

東華三院姚達之紀念小學（元朗）：〈學校背景〉，無日期。取自 https://www.ydc.edu.hk/CustomPage/paragraphGroup.aspx?ct=customPage&webPageId=2&pageId=94&nnnid=4

香島中學：〈學校歷史〉，無日期。取自 https://www.heungto.edu.hk/index.php/school-info/history511

香港培正中學：《學校概覽 2020-2021》，2020/21 年。取自 https://www.puiching.edu.hk/CustomPage/6/School_Profile_2020_c.pdf

香港培道中學：〈學校歷史〉，無日期。取自 https://www.pooito.edu.hk/

香港漢文師範同學會：〈背景〉，無日期。取自 http://hkvnsaas.edu.hk/hkvnsaas/index.html#background

香港德明書院：〈德明年曆〉，無日期。取自 http://www.takming.edu/page50

高家裕：〈百年香港教育是怎樣走過來的（一）〉，2016 年。取自 https://www.momentoflife.net/?p=18052

國民學校漢師中英文幼稚園‧幼兒園：〈學校簡介〉，無日期。取自 https://kmvn.edu.hk/our-school/

基督教香港崇真會深水埗堂：〈教會歷史〉，無日期。取自 https://ttmsspc.hk/web/about_us/history/

馮錦榮、劉潤和、陳志明、高添強、周家健：〈啟德明渠使用九龍城寨石塊研究報告〉，2018 年。取自 https://www.dsd.gov.hk/uploads/page/thematic/kaitakriverwts/kaitaknullah_stonewalls_report.pdf

黃大仙區議會：〈地區摘要〉，2024 年。取自 https://www.districtcouncils.gov.hk/wts/tc_chi/scenery/highlight_01.html

黃麗松：〈「香港留聲」口述歷史檔案庫：民生書院〉，2010 年。取自 https://www.hkmemory.hk/collections/oral_history/All_Items_OH/oha_52/records/index_cht.html#p74664

嗇色園：〈機構歷史〉，無日期。取自 https://www2.siksikyuen.org.hk/aboutssy/history

聖公宗（香港）小學監理委員會有限公司：〈香港聖公會〉，2004 年。取自 https://www.apsc.org.hk/ 香港聖公會

聖公宗（香港）小學監理委員會有限公司：〈聖公會聖多馬小學〉，無日期。取自 https://www.apsc.org.hk/ 西九龍屬校

聖公宗（香港）小學監理委員會有限公司：〈聖公會聖提摩太小學〉，無日期。取自 https://www.apsc.org.hk/ 東九龍屬校

聖公會聖提摩太小學：〈學校歷史〉，無日期。取自 https://www.stps.edu.hk/zh_tw/site/view?name= 學校歷史

嘉諾撒聖瑪利學校：〈學校歷史〉，無日期。取自 https://www.smcs.edu.hk/it-school/php/webcms/public/index.php3?refid=1211&mode=published&nocache1612246362&lang=zh

漢師德萃學校（幼稚園部）：〈學校資料〉，無日期。取自 http://hkvnsaas.edu.hk/kindergarten/cht/about_intro.html

劉翠珊、趙永佳、鄭潔晴：〈香港中華民國學校歷史，1931-1997：檔案回顧及資料搜集〉，2018 年。取自 https://scholars.hkbu.edu.hk/en/publications/ 香港中華民國學校歷史 -1931-1997 檔案回顧及資料搜集 -9

德望小學暨幼稚園（幼稚園部）：〈學校歷史〉，無日期。取自 https://www3.ghs.edu.hk/about/history/

慕光英文書院：〈辦學宗旨〉，無日期。取自 https://www.mukuang.edu.hk/ 辦學宗旨 /

Antiquities and Monuments Office. *Declared Monuments in Hong Kong - Kowloon: Maryknoll Convent School*, 2021. Retrieved from https://www.amo.gov.hk/en/historic-buildings/monuments/kowloon/monuments_84/index.html

Diocesan Boys' School. *Prospectus*, 2020. Retrieved from https://www.dbs.edu.hk/admission/Prospectus_2020.pdf

Diocesan Building & Development Commission. *Bibliography on the History and Development of the Catholic Church in Hong Kong*. Hong Kong: Diocesan Building & Development Commission, 2013. Retrieved from https://dbdc.catholic.org.hk/RelatedArticles/Citations%20only%20without%20newspapers%20final_2013-11-28.pdf

Good Hope School. *School History*, n.d. Retrieved from https://www2.ghs.edu.hk/landing/aboutSchool/timeline

Heep Yunn School. *Milestones*, n.d. Retrieved from http://www.hys.edu.hk/milestones/

King George V School. *History*, n.d. Retrieved from https://www.kgv.edu.hk/history/

La Salle College. *College History*, n.d. Retrieved from https://www.lasalle.edu.hk/eng/college_history.html

Maryknoll Convent School (Primary Section). *School Profile*, n.d. Retrieved from http://www.mcsps.edu.hk/

Maryknoll Convent School (Secondary Section). *History*, 2023. Retrieved from http://www.mcs.edu.hk/mcs_1213/info_hist.htm

Maryknoll Convent School Foundation Limited. *Structure*, n.d. Retrieved from https://foundation.mcs.hk/structure/

Wah Yan College, Kowloon. *History of WYK*, n.d. Retrieved from https://wyk.edu.hk/about-wyk/history-of-wyk-2/

Wong, Alan Ting Yuet. *The Recognition Ministry of the Maryknoll Sisters and its Relevance for Missiology*, 2017. Retrieved from http://hdl.handle.net/2345/bc-ir:108078

Ying Wa College. *History*, 2024. Retrieved from https://www.yingwa.edu.hk/index.php?s=1_10

鳴謝   ＊ 學校／機構名稱按中文筆畫排序

　　本書內容經多番考證修訂，編著者李子建、鄭保瑛、鄧穎瑜及香港教育大學香港教育博物館團隊，謹此致謝中華書局（香港）有限公司的鼎力支持，並感謝以下一眾學校、機構和每一位的支持、分享和賜正，並為本書提供珍貴照片：

學校／機構	
九龍真光中學	李伊瑩校長
	麥潔瑤女士
	華潔明女士
	黃麗娟女士
九龍華仁書院	周子詩校長（現任）
	鍾衞良校長（前任）
	郭少棠教授
	蔡惠海先生
	馮啟明先生
	趙起蛟老師
中華基督教會協和小學	簡燕玲校長（前任）
	余煊博士
	岑柳慶女士
中華基督教會協和小學（長沙灣）	陳國源副校長
中華基督教會協和幼稚園	校監彭梁慧瑜女士
民生書院	葉志兆校長
	吳懷德先生
	張經略先生
	馬漢傑先生
	李欣怡老師
	林謐老師
	薛奉筠老師
協恩中學	梁少儀校長
	蔡穎思助理校長
	余智敏老師
	姚懿芝老師

（續上表）

學校／機構	
拔萃女書院	劉靳麗娟校長
	黎翠珍教授
	譚凱琳小姐
	甘黃佩華老師
	蔣頌恩老師
	平小玲女士
拔萃男書院	鄭基恩校長
	梁子光先生
政府檔案處歷史檔案館	
英皇佐治五世學校	
香島中學	黃頌良校長
	何思行副校長
	袁武先生
	黎漢明先生
	陳敏華女士
	梁夢燐先生
香港大學圖書館	
香港社會發展回顧項目	
香港美術專科學校	陳為民教授
香港特別行政區政府新聞處	
英華書院	鄭鈞傑校長（前任）
	張家輝先生
	梁錦松先生
香港培正中學	何力高校長
	吳家瑋教授
	張嘉亮老師
香港培道中學	校監（前任）何鏡煒博士
	張美華校長
	張婷女士
	陳瑩瑩老師
香港歷史博物館	
喇沙書院	校監譚瑪士修士
	唐煥星校長（前任）

（續上表）

學校 / 機構	
創知中學（原名勞工子弟中學）	黃晶榕校長
	王國興先生
	林文輝先生
	莊澄先生
聖公宗（香港）小學監理委員會	
聖公會聖多馬小學	謝振強先生
聖公會聖提摩太小學	林斯初校長（前任）
	黃燕明女士
瑪利諾修院學校（小學部）	校監何敏慧女士
瑪利諾修院學校（中學部）	校監顏文芳女士
	陳倩君校長（現任）
	李錦霞校長（前任）
	余黎青萍女士
	李麗娟女士
	梁詠琪女士
嘉諾撒聖瑪利書院及嘉諾撒聖瑪利學校	校監（前任）陳心意修女
	黃慧珍校長
	葉玉如教授
	蔡淑嫻女士
慕光英文書院	張永豐校長
	游紹永教授
	蔡漢成教授
	魏俊梅先生
德貞女子中學	校監張永明博士
	許燕姍校長
德望學校	校長 Dr. Gary James Harfitt
	周志洪副校長
	吳文華教授
	姚潔貞女士
麗澤中學	李潔明校長
	邱可珍女士
	劉燕卿女士

（續上表）

學校 / 機構

Canon George Zimmern（施玉麒牧師）
（Facebook 專頁）

Canossian Missions Historic Archives - Hong
Kong

Scala Group S.p.A.

The Getty's Open Content Program,
The J. Paul Getty Museum

個人

甘偉強博士	馮以浤先生
江啟明先生	黃巧儀小姐
江婉怡女士	黃棣才博士
林浣心女士	黃詠筠小姐
招璞君博士	黃紫薇女士
陳美娟校長	詹秀璉修女
馬曉嵐女士	鄧慧珊女士
張勇邦先生	鄭寶鴻先生
張靜文小姐	蔡思行博士
張耀輝先生	蕭琸琳女士
區婉儀女士	鍾港武先生
梁經緯先生	關頌雯小姐